Minerva Shobo Librairie

はじめて学ぶ
生徒指導・進路指導

理論と実践

広岡義之

[編著]

ミネルヴァ書房

はしがき

　編者は2007年にミネルヴァ書房から加沢恒雄先生とともに『新しい生徒指導・進路指導』を出版した際，その冒頭の「はしがき」で次のような文章で書き始めた。「2006（平成18）年11月17日に，『文部科学大臣からのお願い』という文書が全国の学校に配布された。現代社会は，全国の各学校で起こっている『いじめ問題』に対して私たち，教育に関わる者はどのように立ち向かえばよいのであろうか。」と。

　それから10年が経過して改めて大学用テキストを編纂することとなった。その間に滋賀県大津市での中学2年生の自殺に関連した「いじめ問題」が大きくマスコミ等で報道された。朝日新聞は，2012年7月13日から数日間，「いじめられている君へ」と題して，識者によるいじめについての見解を掲載した。2006年に『文部科学大臣からのお願い』が出て以来，いじめに対する教育界の取り組みはどれほど改善されたのだろうか。

　今回の本書編集に当たっては，『生徒指導の手引』が大幅に改定された『生徒指導提要』（2010年）の内容が随所で援用されている。この『生徒指導提要』は，生徒指導の実態が近年の問題にも対応できるように，最新の知見を盛り込んだ『生徒指導の手引』の大幅な改定版となっている。そのため，本書でも関連する箇所では『生徒指導提要』を可能な限り参照して取り上げることを心がけた。従来の生徒指導では，校内暴力や暴走族対策等の外的問題行動への対応が主流であったが，近年の子どもたちは，内面の問題つまり心の問題が中心になってきている。特に今回の『生徒指導提要』では，自尊感情が持てず，友人関係にストレスを感じ，突然「キレる」あるいは自分の殻に閉じこもる等の内面的問題行動への対応が多く例示されているのが特徴である。規範意識を求めつつも，厳しい生徒指導一辺倒ではなく，優しさを含んだ生徒指導の理念が『生徒指導提要』全体に貫かれているように思われる。

　本書の執筆陣はすべて，第一線の教育分野で活躍されている研究者あるいは

教師であることも申し添えておきたい。また本書の刊行に際しては，ミネルヴァ書房の浅井久仁人氏からいつも温かいご配慮をいただき，衷心より感謝する次第です。出版事情の厳しい折にもかかわらず，本書企画を積極的に受け入れていただいたことに対して，この場を借りて改めて御礼を申し上げます。現代における教育状況を一瞥するならば，今後の教育学研究の課題も多く，執筆者たちはさらなる自己研鑽に取り組むつもりである。顧みてなお意に満たない箇所も多々気づくものであるが，これを機会に十分な反省を踏まえつつ，大方のご批判，ご叱正，ご教示を賜り，さらにこの方面でのいっそうの精進に努める所存である。

　　2016（平成28）年3月1日

　　　　　　　　　　　　　　　　　　　　　　　　　　　編者　広岡　義之

はじめて学ぶ生徒指導・進路指導　目　次

はしがき

第1章　生徒指導の意義と課題 …………………………………………………… *1*
　1　生徒指導とはどのような活動であるのか？ ……………………………… *1*
　2　生徒指導の目標と課題 ……………………………………………………… *4*
　3　生徒指導の発達観・指導観とその範囲 …………………………………… *6*
　4　授業中の生徒指導で留意するべき3つの視点 …………………………… *10*
　5　新しい生徒指導の使命 ……………………………………………………… *12*
　　　──『生徒指導提要』の内容（目次）と社会的リテラシー育成に向けて

第2章　教育課程における生徒指導 …………………………………………… *17*
　1　教育課程とは ………………………………………………………………… *17*
　2　学習指導と生徒指導 ………………………………………………………… *19*
　3　教科における生徒指導 ……………………………………………………… *21*
　4　道徳教育における生徒指導 ………………………………………………… *22*
　5　総合的な学習の時間における生徒指導 …………………………………… *29*
　6　特別活動における生徒指導 ………………………………………………… *31*

第3章　生徒指導と問題行動 ……………………………………………………… *35*
　1　生徒指導とは ………………………………………………………………… *35*
　2　問題行動とは ………………………………………………………………… *37*
　3　学校における生徒指導 ……………………………………………………… *41*
　4　学級担任が行う教育相談 …………………………………………………… *46*
　5　不　登　校 …………………………………………………………………… *47*
　6　い じ め ……………………………………………………………………… *50*
　7　問題行動の発生を抑制する開発的（積極的）な生徒指導 ……………… *52*

第4章　学校における生徒指導 …………………………………………………… *55*
　1　生徒指導体制の基本的な考え方 …………………………………………… *55*

iii

2　生徒指導主事（生徒指導主任）を中心とした生徒指導体制の在り方 … 57
　　3　各学校における生徒指導計画 …………………………………………… 60
　　4　生徒指導の評価と改善 …………………………………………………… 64
　　5　生徒指導「事例」研究 …………………………………………………… 67

第5章　生徒理解のためのさまざまな方法と技術 ……………………………… 73
　　1　学校心理学モデル ………………………………………………………… 73
　　2　包括的学校支援モデルの提案 …………………………………………… 74
　　3　生徒理解とアセスメント ………………………………………………… 76
　　4　効果的なチーム支援会議の進め方 ……………………………………… 77
　　5　いじめ問題への生徒理解 ………………………………………………… 77
　　6　学級経営と生徒理解 ……………………………………………………… 81
　　7　生徒理解のためのポイント ……………………………………………… 83
　　8　問題事例による生徒理解 ………………………………………………… 85
　　9　問題行動を発達課題としてとらえる …………………………………… 89

第6章　生徒指導における学級経営および地域・家庭との連携 …………… 91
　　1　学級経営とは ……………………………………………………………… 91
　　2　学級集団と学級担任の役割 ……………………………………………… 92
　　3　児童生徒を理解する ……………………………………………………… 95
　　4　学級経営とアセスメント ………………………………………………… 97
　　5　予防的・開発的生徒指導と学級経営 …………………………………… 98
　　6　生徒指導と授業づくり ………………………………………………… 100
　　7　地域・家族との連携の必要性 ………………………………………… 101
　　8　開発的・予防的生徒指導に活かす地域・家庭との連携 …………… 103
　　9　治療的・対処的生徒指導に活かす地域・家庭との連携 …………… 104
　　10　「連携の難しい保護者」との連携 …………………………………… 105
　　11　保護者・地域社会と連携した生徒指導の実際 ……………………… 106

第7章　進路指導（キャリア教育）の意義と課題 …………………………… 108
　　1　進路指導の意義と特徴 ………………………………………………… 108

目次

  2　キャリア教育の意義と特徴 …………………………………………… *113*
  3　学校教師の役割としての進路指導 …………………………………… *115*
  4　進路指導の意味と進路指導計画 ……………………………………… *118*

第8章　進路相談（キャリア教育）による生徒指導 ………………… *124*
  1　包括的支援モデルにおけるキャリア教育 …………………………… *124*
  2　進路指導と生徒指導 …………………………………………………… *126*
  3　キャリア教育の具体的なプログラム ………………………………… *128*
  4　生き方指導，人づくりのキャリア教育 ……………………………… *130*
  5　体験型のキャリア教育の必要性 ……………………………………… *132*
  6　職 場 体 験 ……………………………………………………………… *135*
  7　進路相談と生徒指導 …………………………………………………… *137*

第9章　進路適性と進路選択 …………………………………………… *141*
  1　進路を考える——人間と職業 ………………………………………… *141*
  2　これまでどのような職業理念が主張されてきたか ………………… *143*
  3　人間発達と進路適性 …………………………………………………… *153*
  4　進路選択について ……………………………………………………… *155*

第10章　キャリア形成活動と進路指導 ………………………………… *158*
  1　キャリア形成の定義づけとその活動 ………………………………… *158*
  2　学校種別毎のキャリア発達課題について …………………………… *162*
  3　さまざまな分野からの職業的期待 …………………………………… *165*
  4　進路指導が抱える諸問題と諸課題 …………………………………… *172*
  5　今後求められる進路指導 ……………………………………………… *175*

人名索引／事項索引

第1章

生徒指導の意義と課題

　本章では生徒指導の意義と課題を，理論と実践の両面から原理的に考察していく。理論の側面では生徒指導の定義や意義を，実践の側面では生徒指導の機能や今日的課題を取り上げていきたい。特に児童生徒の問題行動に対処するために指導できる教師が生徒指導分野では求められ，さらには彼らの規範意識を醸成させることが喫緊の課題であることを指摘していく。しかしそれ以上に児童生徒のさらなる可能性を見定めて伸ばしてやろうとする教師の「信頼というまなざし」が，じつはきわめて大切なものとなることもあわせて提言していきたい。

1 生徒指導とはどのような活動であるのか？

（1）生徒指導の定義と意義

① 生徒指導の定義

　生徒指導についての明確な定義はこれまで存在しないものの，矢野正に従えば，広義には幼児・児童生徒が，現在の心理的・社会的環境・将来の社会生活に適応していくために必要な基本的生活習慣や，自律性・自立性・道徳性・社会性等の資質を形成し促進し，さらに健やかな発達からの逸脱を予防するために家庭教育・学校教育・地域教育でなされるすべての教育活動のことである（矢野 2013）。また狭義には学校教育の場面で「一人一人の幼児・児童生徒の個性の伸長を図りながら，同時に社会的な資質や能力・態度を育成し，現在および将来において社会的な自己実現が可能となる資質・態度の育成を助長するための指導・援助活動」（文部省・現文部科学省 1981）である。

生徒指導は学習指導と相まって，教師に求められる重要な指導である。特に児童生徒の問題行動に対処するために指導できる教師が求められる。別言すれば，児童生徒の規範意識を醸成させることが喫緊の課題であるだろう。しかしそれ以上に児童生徒のさらなる可能性を見定めて伸ばしてやろうとする教師のまなざしもまたきわめて大切なものとなることはいうまでもない。そうした課題を前提として，それではあらためて生徒指導とはいったいどのような教育活動であるのか，ということをここで考えてみたい。

　生徒指導は，一人ひとりの児童生徒の人格を尊重することであり，さらにかれらの個性の伸長を図りながら，社会的資質や行動力を高めることである。これらは学習指導と同じ程度に学校において重要な意義をもつものといえるだろう。各学校にあって生徒指導は，児童生徒の健全な成長を促し，彼らの自己実現を図るためのものとなるべきである。自己実現の基礎にあるものは，日常の学校生活でのさまざまな自己選択や自己決定であるために，そのような場面で教員が適切に指導し援助することが肝要である。自己実現とはたんに自分の欲求や要求を実現させることだけではなく，集団や社会の一員として認められることを前提とした概念なのである。生徒指導を考えるうえで前提となるのは，教師が児童生徒の一人ひとりの人格を尊重し，よりよい発達と学校生活の充実を指導援助することである。つまり，指導前に児童生徒に寄り添い，悩みや問題をともに担い合うという姿勢を教師の方から示すことが大切な視点となるだろう。

② 生徒指導の意義

　ここで文部省の『生徒指導の手引（改訂版）』（1981）を参照しつつ，生徒指導の意義について筆者なりにまとめておきたい。第一に生徒指導は個別的かつ発達的な教育を基礎とする。児童生徒は，個々に能力も進路への興味も異なるために，個別的な指導が必要である。さらに生徒指導は行動上の問題の矯正を最たる目的とするのではなく，より正常で健康な発達をめざす積極的な指導に重点が置かれるべきである。第二に生徒指導は，個々の児童生徒の人格の価値を尊重し同時に社会的な資質や行動を高めようと試み，しかもそれを具体的に

展開することを目指す。第三に生徒指導は，児童生徒の現在の生活に沿いつつ，具体的実際的な活動として進められるべきだろう。なぜなら児童生徒の生活は学校だけでなく，家庭や地域でも展開されるからである。それゆえ現実の生活から，かけ離れた理念的で観念的な指導であってはならない。第四に生徒指導はすべての児童生徒を対象とするものである。生徒指導は問題行動や非行の防止，矯正といった消極的なものだけでなく，児童生徒の健康な人格の発達という積極的なものであるという点ですべての児童生徒を対象とする。第五に，生徒指導は統合的な活動である。生徒指導は実際には学業指導や適応指導等の個々の側面での指導ではあるが，究極的には人格の発達を目指しており，それを中心にして統合されるべきである。

（2）生徒指導を充実させるための基盤

それでは，すべての児童生徒の人格がよりよい発達を遂げるためには，いかなる生徒指導を展開していけばいいのだろうか？　生徒指導の充実の基盤として『生徒指導提要』に即しつつ，4点にまとめて要約してみたい。第一は「生徒理解」である。適性も能力もさまざまな児童生徒を，生徒指導を通して深く理解していくことが重要な視点となる。ある子どもにとって大切な行動が，他の子どもにはさほど大切でない場合もあることを教師が見極める眼力をもつことが求められよう。第二は，第一と深い関連がある「教師と児童生徒の信頼関係」についてである。児童生徒は信頼できない教師には絶対に自己を開示しないし，援助を求めることもしないものである。教師が児童生徒と親密で温かい心的交流を構築し，彼らの語る言葉に耳を傾けることが喫緊の生徒指導上の課題となる。第三は「児童生徒相互の人間関係づくり」である。児童生徒同士の人間関係は人間形成上，きわめて強い影響を与える。こうした人間関係を基盤とした学級経営は，深く生徒指導と関連していると言えるだろう。児童生徒一人ひとりが共感と存在感をもって自己実現できる場を教師は提供することが求められる。第四は，「学校としての協力体制」である。先の一から三までは児童生徒にせよ教師にせよ個人的な視点であったが，第四は組織的視点からの生徒指導の充実のための提言である。つまり生徒指導の目標を達成するためには

学校全体の共通理解と取り組みが不可欠であるということである。教師一人の努力には限界があるため，組織的・計画的な取り組みがそこでは求められる。

2　生徒指導の目標と課題

（1）生徒指導の目標

　生徒指導の大きな目標は，2008（平成20）年の中学校学習指導要領において「自主的に判断，行動し積極的に自己を生かしていくことができるよう」にすることと明記されており，それは「自己指導能力の育成」を指し示している。また2010（平成22）年に刊行された『生徒指導提要』においても「児童生徒自ら現在及び将来における自己実現を図っていくための自己指導能力の育成を目指す」と明示されている。

　そこでキーワードである「自己指導能力」の育成とはどのような意味があるのかを中心に検討してみよう。元来，「自己指導能力」とは自己受容ができ，自己理解ができ，自ら追求しつつある目標を達成するための自発的で自律的な能力のことで，ほぼ自己実現を図っているための能力と考えてまちがいないだろう。

　そのうえで『生徒指導提要』によれば，自己指導能力の育成についておおよそ次のように論じられている。人格の完成を自ら希求する児童生徒を育てるということは，たんに「与える」「導く」「型にはめる」等の教育方法では，本来の自主性や自発性を育むことはできない。むしろ人格の完成については，「児童生徒が望ましい大人になる」というように児童生徒自身が主語となる形でなければならないだろう。自ら進んで学び，自分で自分を指導する自己指導力，課題発見力，課題解決力が育つ生徒指導が望まれる。

（2）生徒指導の課題

　学習指導要領には生徒指導に関する規定が示されている。たとえば2008（平成20）年の小学校学習指導要領「総則」のなかでは，「日ごろから学級経営の充実を図り，教師と児童の信頼関係及び児童相互の好ましい人間関係を育てる

とともに児童理解を深め，生徒指導の充実を図ること」と定められている。中学校と高等学校では上述の規定に加えて「生徒が自主（主体）的に判断，行動し積極的に自己を生かしていくことができるよう」と生徒指導充実の方向づけがなされている。

　ここから把捉できる生徒指導充実の課題とは，教師が一人ひとりの児童生徒理解を深めるということである。彼らはそれぞれ異なった能力・適性，興味・関心等を保有しており，また成育環境も将来の進路希望もさまざまである。そうした状況下で，児童生徒を多面的・総合的に理解していくことが，生徒指導充実の課題なのである。

　また児童生徒理解にとって大切なことは，教師が児童生徒一人ひとりの言葉に耳を傾け，その気持ちを敏感に感じ取ろうとする姿勢である。特に思春期の場合には，子どもたちはさまざまな不安や悩みを抱き始めており，彼らの内面に対する共感的理解を深めることが教師に求められる姿勢である。そのために日頃から，両者の間の信頼関係を構築しておくことが重要になるだろう。学校生活での人間的な触れ合い，授業において児童生徒に充実感と達成感を味わわせること，不正や反社会的行動に対する毅然とした態度等が，児童生徒から信頼を得るために教師には不可欠のこととなる。そこで得られた信頼関係が基盤となって，児童生徒の自己開示も進み，教師の児童生徒理解も深まっていくのである。

　当然のことながら教育機能としての生徒指導は，教育課程内外の全領域で行われるべきものである。たとえば学級活動等の特別活動は，集団や社会の一員としてよりよい生活や人間関係を構築し，人間としての生き方について自覚を深め，自己を生かす能力を養成する場であり，生徒指導のための中核的な時間といえるだろう。このように生徒指導を進めるに当たっては，全教職員の共通理解と協力体制が不可欠となる。もちろん，学校だけで生徒指導が完結するものでもなく，そこには家庭や地域社会および関係諸機関との連携と協力が必要となる。そのため，保護者との間で，学校だよりや学級・学年通信等，さらにはPTAの会報，保護者会等により相互交流を深めたり，地域懇談会や関係諸機関との懇談会を通して交流を図る取り組みが求められる。

（3）集団指導と個別指導

『生徒指導提要』によれば，生徒指導では集団指導を通じて個を育成すること，また個の成長が集団を発展させるという相互作用が一つの指導原理として存在する。集団指導の教育的意義としては，児童生徒の規範意識の低下，自立の遅れが指摘されるなかで，集団指導を通じて社会の一員としての自覚と責任を育成しやすいという側面がある。また集団指導では，互いに良さを尊重し認め合おうとする望ましい人間関係が形成しやすい傾向にある。その過程で児童生徒は自分の感情や行動をコントロールすることができるようになる。

次に個別指導の教育的意義としては，一人ひとりの児童生徒の個性や能力を最大限に発揮させることができるという点であろう。具体的には個々の児童生徒に応じた情報提供や基礎的な技能や学習技術の習得の機会が与えられるということである。さらには個々の将来の生き方について話をしたりすることも貴重な時間となるだろう。予防的な個別指導としても，深刻な問題に発展しないように，初期段階で課題を解決することも可能となる。たとえば遅刻・欠席等の傾向が見られる児童生徒には早期に個別面接をすることで未然防止等につながる取組みができるだろう。当然こうした指導ができるためには日常での児童生徒と教師の信頼関係ができていることが前提となることはいうまでもない。

3 生徒指導の発達観・指導観とその範囲

ここでも『生徒指導提要』を中心に他の資料も踏まえつつ，生徒指導の前提となる発達観・指導観や生徒指導を通して育まれるべき資質や能力，その範囲について考えてみたい。

（1）前提となる人間観・発達観

アリストレスを持ち出すまでもなく，人間は社会的存在であることはいうまでもない。社会のなかで育つことによって人間の資質や能力が成長し発達するからである。しかしながら生まれたときには自力で生きていくことはおろか，大人の保護のもとでようやく生存が可能となる。乳児は空腹や排便の不快感も

自力では解決できない存在であり、これは就学前後の子どもであっても程度の差こそあれ、あてはまる事実である。つまり大人の十分な保護と養育によって初めて、小さな子どもは自立した人間へと成長していくのである。

しかしながら他方で幼児期でさえたんに受身的存在だけではなく、一個の独立した存在として自らの欲求を主張し、自らの力で成長しようと努力する存在でもある。試行錯誤をするなかで食事の仕方や排便の方法を学習し、集団のなかで認められるやり方で自己の欲求を実現する適応力を持った存在でもある。さらに児童期・青年期に成長してくると、新たな関係を構築し新たな知識や情報を獲得しつつ、ときに他者や社会と摩擦をおこしながらも自らの人格を完成させようとする。人間の成長や発達というものは、人格の完成という側面が社会への適応や社会のなかでの成功という側面と不可分の形で営まれるものである。この両者がバランスよく形成されて個々人が健全に成長していくものと思われる。

(2) 生徒指導を通して育まれるべき資質や能力
① 自発性・自主性

自らの人格の完成を希求する児童生徒に必要なものは、他者から指示されなくとも、能動的に取り組んでいく姿勢であり態度であるだろう。それが一般に自発性・自主性と呼ばれているものである。他者に依存することなく、また他者に責任転嫁することなく、自らの考えと責任において行動するような資質を生徒指導で育むことが求められる。

自発性・自主性とは自己の正しい自由意志で決断し行動することである。具体的には、生徒会活動や進路決定等の実践を通じて自発性や自主性は伸長されるものである。そのような場面を通じて子どもにとって大切な自発性や自主性、相互的な同意や義務感、平等な権利意識等を教師が保持しつつ育成していくべきだろう。

② 自律性

自律性とは自分の欲求や衝動をそのまま表出したり行動することではなく、

必要に応じて自制したり計画的に行動することのできる資質である。個人は，生まれるとすぐに自律的な人間になるのではなく，親や教師の他律的なしつけが内在化されて，子どもの意志力も働きつつ行動を自ら規制することができるようになる。自分の欲求や衝動を自ら律することなしに人格の完成は期待できない。その際には子どもへの愛情と敬愛なしには自律性を育成することが不可能であることは言うまでもない。「小1プロブレム」等はこの課題と深く関わる今日的教育問題の一つであろう。

③ 主 体 性

学校でも実際の社会でも，いつでも自発的・自主的・自律的に行動できるとは限らない。既存の計画にしたがって行動することが求められることもしばしばある。そうしたときに，たとえ与えられたものであっても，自分なりの意味付けを考えて主体性をもって行動することも可能である。実際の場面ではむしろ自分のやりたいことばかりができるわけでなく，限られた条件のなかで進んでやりたくないことでも主体的に取り組まざるをえないことのほうが圧倒的に多く，そこでこの主体性が発揮されることになる。

（3）生徒指導の前提となる指導観

児童生徒が主体的に人格の完成を求めるように育つためには，次のような指導観が必要となるだろう。場や機会の提供と自己決定が大切なキーワードとなる。生徒指導の領域で使用されやすい方法に，賞罰や抑制等があるが，これは児童生徒の自律性を育むこととは相いれない。他律的に望ましい行動を行うことは導入としては意味があるだろうが，常態化してしまうと児童生徒の意欲や意志が育ちにくい。

それではどのようにすれば児童生徒の内面に積極的な自発性や自律性が生じるのだろうか。具体的には学校行事や学級経営の場で，「主体的に参加している」という気持ちがもてるようにすることが重要であろう。たとえ内気な児童生徒であっても，たとえばクラスで飼育している小生物等の「いきものがかり」を担当することは可能であろう。小動物の世話係という無理のない範囲で

の責任を与えられるだけでもその児童生徒にとって、クラスでの存在感を確認できる有意義な参加になりえるものと思われる。いずれにせよ、児童生徒の自発性や主体性を伸ばすことが大切であり、教員の指導はあくまでも援助という姿勢が望ましく、あまり介入しすぎることは児童生徒の成長や発達の機会を奪うことにもなりかねない。ここに生徒指導の奥深さと醍醐味もまた存在するのである。

（4）生徒指導の範囲

　生徒指導は学校の教育活動全体を通じて行うことを原則とする。それゆえ教育課程のすべての領域と教育課程以外の指導（部活動，長期休業中の行事等）をはじめ、休み時間や放課後の指導等も含まれることになる。教育課程以外の指導が教育課程のなかに効率的に組み込まれ生徒指導の達成が図られることが望ましい。つまり両者が独立した分野でなく、補完し合いながら展開されることが教育実践に必要不可欠な要素となる。以下では生徒指導の範囲を内容的に分類しつつ説明していこう。

① 学業指導

　入学時のオリエンテーション，学び方，教科科目の選択，学業生活への適応，学業上の困難に対する指導等，学校での授業や諸活動全般が円滑に行われるためのさまざまな指導を指し示す。

② 適応指導

　適応指導では、人間の価値と尊厳を重視し、児童生徒個々人の人格を尊重し、調和的発達を目指す。自分の性格に対する悩みや要求を受け止め、自ら解決できるように支援すること等があげられる。

③ 社会性指導

　社会性指導とは、児童生徒が集団・社会の一員としての資質の育成を目指す指導である。友人との協調的関係の構築、望ましい社会習慣や礼儀の指導、ボ

ランティア活動，についての指導等がある。具体的には，学校，学級生活，ホームルームやクラブ等への集団活動，家庭や地域社会における集団活動等の指導が挙げられる。特に学級指導は，担任教師による生徒指導の中核的な場面である。

④ 進 路 指 導

　進路指導では，一人ひとりの児童生徒が自己の進路を自覚的に選択できる能力を養成することを目指す。自己理解，進路探索，進路の選択と決定，進路計画の達成，適応や自己実現等の指導が含まれる。

⑤ 健康・安全指導・個人の生活・行動に関する指導

　健康・安全指導・個人の生活・行動に関する指導には，心身の健康，体力増強，安全生活等の指導が含まれる。具体的には基本的生活習慣，生活態度や行動，余暇の使い方，生き方等の指導が挙げられる。他にも放課後の面接相談や休憩時の遊びの指導等，学校生活でのさまざまな機会と場において生徒指導が意図的にまたは自然な形で行われうる。また最近では，インターネットの利用も拡大してきており，それに関連するネット上のトラブルが頻発しておりそれらの予防教育もここに含まれるだろう。

4 授業中の生徒指導で留意するべき3つの視点

（1）生徒指導で留意するべき3つの内容

　森田愛子（2014）は，国立教育政策研究所生徒指導研究センター（2012）発行の生徒指導リーフ　Leaf.1「生徒指導って，何？」を援用しつつ授業中の生徒指導で留意するべき内容について紹介している。以下にその内容を要約的に述べてみよう。授業のなかで，従来当然のこととして指導していたさまざまな働きかけも，実は生徒指導であったことをあらためて指摘した興味深い内容である。始業時・終業時のあいさつの促進，正しい姿勢で机に向かって学習する指導，教師やクラスの他の者に積極的に話をしたり傾聴する指導，自らも前向きに考え

たり発言する指導，これらもまた生徒指導の一つとなるという考え方である。

森田愛子に従いつつ，さらに3つにテーマを絞って紹介してみよう。

1. **児童生徒に自己存在感を与える指導**：こうした指導は一人ひとりに学ぶ楽しさや成就感を味わわせる授業を意味するだろう。興味関心が深まり，本当にわかる授業を児童生徒に提供することで，かれらは授業に参加し貢献できると感じるものなのである。

2. **共感的な人間関係を育成する指導**：こうした指導は相互に認め合い，学びあう授業を指し示す。教師と児童生徒が相互に共感的な人間理解を形成するためには，教師が受容的な態度で児童生徒に向き合うことが求められるだろう。さらに児童生徒相互もまた相互に認め合い，学びあう必要がある。

3. **自己決定の場を与え，自己の可能性を援助する指導**：こうした指導は自ら課題を見つけ自ら判断する授業を意味する。児童生徒の一人ひとりが主体的に学ぶことができるような課題設定や指導を提供することが求められる。

（2）生徒指導の3つの視点のそれぞれの具体的事例

森田愛子が作成した以下の表は，上記3つの視点のそれぞれの具体的事例で，たいへん有意義な一覧表となっているのでそのまま掲載させていただく。

表1-1　3つの視点の指導内容の具体的事例

自己存在感を与える指導	・どんな発言や考えも受け止めて大切にする。 ・名前を呼んだり，目を見て話したりするなど，児童生徒に存在感を持たせる。 ・授業の中で，承認や称賛，励ましをする。 ・誤答などを肯定的に取り上げ，課題解決の方法を思考する上で，皆のためになったことを評価する。 ・一人一人に丸付けを行ったり，良いところを具体的に評価したりしながら，計画的に机間指導を行う。 ・児童生徒が授業に参加しているという気持ちを持てるように，発問などを工夫する。 ・授業に意欲を見せない児童生徒や学業が振るわない児童生徒も，学習していけるような配慮をする。 ・児童生徒が協力して学習できるように，多様な学習形態を取り入れる。 ・児童生徒の実態を把握し，授業のどの場面で，どの児童生徒を活かすことができるか考える。 ・役割分担をさせて，一人一人が追究活動に参加するよう促す。

共感的な人間関係を育成する指導	・たどたどしい発言でも言い終わるまで待ったり，的外れの考えや意見のように思われても，熱心に聴いたりする。 ・間違った応答に冷やかしたり笑ったりしないように指導する。 ・児童生徒一人一人を受け入れてほめ，児童生徒の人間性を認める。 ・児童生徒の発表に対して，うなずきや相づちで応え，共感的に受け入れる。 ・教師主導にならず，児童生徒のテンポに合わせながら授業を進める。 ・自己開示をし，児童生徒から学ぶ姿勢を持つ。 ・良い姿や頑張っている姿はほめ，好ましくない行為については正すことを心掛ける。 ・友達の発表に対しては，発表者のほうを向いて聴かせたり，拍手をしたりするような雰囲気づくりを行う。 ・相互評価など，お互いの良さを認め合う活動を取り入れる。 ・児童生徒同士の発言をつなげ，集団での学び合いとなるようにする。
自己決定の場を与える指導	・児童生徒が興味・関心を持つように，資料や教材提示の方法を工夫する。 ・児童生徒が主体的に学べるよう，個に応じた支援を行う。 ・多様な考えを生むような発言を工夫する。 ・一人で調べたり，考えたりする時間を十分に与える。 ・児童生徒が，学習課題や学習方法，学習形態などを選択できるようにする。 ・教育機器の活用を図ったり，多様な教材，教具，資料を準備したりする。 ・自分の考えを皆の前で発表する場を設定する。 ・思考過程や，課題解決の過程がわかるように，ノートやワークシートの書き方を指導する。 ・何をどのように考え，どのようにまとめたらよいのかなど，考える視点や方法などをわかりやすく説明する。 ・学習の振り返りをさせ，納得したところや，もう少し調べてみたいなどと思ったところを明確にさせる。

(出所) 森田（2014）．

5 新しい生徒指導の使命
―― 『生徒指導提要』の内容（目次）と社会的リテラシー育成に向けて

　本章を締めくくるにあたって，一世代前に学校が直面していた生徒指導上の問題と，今日のそれとの間にはかなり内容の変化が存在していることを認識するために，『生徒指導提要』の内容（目次）を提示したい。そのうえで，現代社会の危機的状況あるいは生きづらさの蔓延した社会のなかでも，豊かに生き抜く力をどのように生徒指導において育成していくべきかを論じて，本章を終えたいと思う。

（1）『生徒指導提要』の内容（目次）について

　『生徒指導提要』の卓越した特徴は，森田も指摘しているように小学校段階から高等学校段階までの生徒指導の理論や考え方さらには実際の指導法を網羅している点にあるといえるだろう。従来，基本的文献となってきた1981（昭和56）年版の『生徒指導の手引（改訂版）』は，現代の生徒指導を組織的・体系的に十分に展開しているとはいえなかったため，学校や教職員向けに先の手引を踏まえたうえで，さらに充実発展させたものである。以下に平成22年3月に刊行された『生徒指導提要』の内容（目次）を転載するが，現代社会を反映した生徒指導の在り方が真摯に模索されており，文字通りこの内容そのものが現在の学校における生徒指導の内容であるといっても過言ではない。従来の生徒指導では，校内暴力や暴走族対策等の外的問題行動への対応が主流であったが，近年の子どもたちは，内面の問題つまり心の問題が中心になってきている。特に今回の『生徒指導提要』では，自尊感情がもてず，友人関係にストレスを感じ，突然「キレる」あるいは自分の殻に閉じこもる等の内面的問題行動への対応が多く例示されているのが特徴である。規範意識を求めつつも，厳しい生徒指導一辺倒ではなく，優しさを含んだ生徒指導の理念が『生徒指導提要』全体に貫かれているように思われる。

（2）社会的リテラシー育成に向けて

　現代社会で，危機や困難に立ち向かい豊かに生き抜く力が生徒指導には求められる。『生徒指導提要』には「社会的リテラシー」という言葉が使用されているが，その意味するところは以下のとおりである。たんに知識や技術を身に付けるだけでなく，社会のなかでその時々の状況を判断しながら，適切に対応していく包括的かつ総合的な能力が「社会的リテラシー」と呼ばれている。生徒指導においては，こうした「社会的リテラシー」育成を担っていることになる。

　矢野正（2013）によれば人格の完成を目指す教育においては，「生きる力」には自立（能力発達）と自律（自我発達）が必要とされる。これを工業型と農業型の教育に例えてみるならば，これからの教育には，工業型の体系的に完成

表1-2　生徒指導提要の目次

第1章　生徒指導の意義と原理

第1節　生徒指導の意義と課題
第2節　教育課程における生徒指導の位置付け
第3節　生徒指導の前提となる発達観と指導観
第4節　集団指導・個別指導の方法原理
第5節　学校運営と生徒指導

第2章　教育課程と生徒指導

第1節　教科における生徒指導
第2節　道徳教育における生徒指導
第3節　総合的な学習の時間における生徒指導
第4節　特別活動における生徒指導

第3章　児童生徒の心理と児童生徒理解

第1節　児童生徒理解の基本
第2節　児童期の心理と発達
第3節　青年期の心理と発達
第4節　児童生徒理解の資料とその収集

第4章　学校における生徒指導体制

第1節　生徒指導体制の基本的な考え方
第2節　生徒指導の組織と生徒指導主事の役割
第3節　年間指導計画
第4節　生徒指導のための教員の研修
第5節　資料の保管・活用と指導要録
第6節　全校指導体制の確立
第7節　生徒指導の評価と改善

第5章　教育相談

第1節　教育相談の意義
第2節　教育相談体制の構築
第3節　教育相談の進め方
第4節　スクールカウンセラー，専門機関等との連携

第6章　生徒指導の進め方

Ⅰ　児童生徒全体への指導
第1節　組織的対応と関係機関等との連携
第2節　生徒指導における教職員の役割
第3節　守秘義務と説明責任
第4節　学級担任・ホームルーム担任の指導
第5節　基本的な生活習慣の確立
第6節　校内規律に関する指導の基本
第7節　児童生徒の安全にかかわる問題

Ⅱ　個別の課題を抱える児童生徒への指導
第1節　問題行動の早期発見と効果的な指導
第2節　発達に関する課題と対応
第3節　喫煙，飲酒，薬物乱用
第4節　少年非行
第5節　暴力行為
第6節　いじめ
第7節　インターネット・携帯電話にかかわる課題
第8節　性に関する課題
第9節　命の教育と自殺の防止
第10節　児童虐待への対応
第11節　家出
第12節　不登校
第13節　中途退学

　　　　　第7章　生徒指導に関する法制度等

第1節　校則
第2節　懲戒と体罰
第3節　出席停止
第4節　青少年の保護育成に関する法令等
第5節　非行少年の処遇

　　　　　第8章　学校と家庭・地域・関係機関との連携

第1節　地域社会における児童生徒
第2節　学校を中心とした家庭・地域・関係機関等との連携活動
第3節　地域ぐるみで進める健全育成と学校
第4節　社会の形成者としての資質の涵養に向けて

された教育ではなく，農業型の「連携と協力」を尊重する教育が求められるのではないだろうか。別言すれば，工業型の教育は学習効果ばかりを重視し，短い時間ではやく大人になることを追求するが，農業型の教育は「インクルシーブ教育」のような共生原理を前提とした上で，じっくりと時間をかけ協力しつつ達成感をともに喜ぶような教育である。ここで「インクルシーブ教育」とは，障がいをもった初等中等教育の段階の児童生徒が，大半の時間を通常学級で学び生活する教育実践のことを意味する。

　児童生徒一人ひとりの能力や学力はさまざまであり，そのような者たちが集まった学校生活のなかで，相互に尊重し，協力し，よりよい社会人を育成するためには，競争原理を前提とした工業型教育ではなく，連携と協力を尊重する

農業型教育を選択するべきであろう。

参考文献

教職問題研究会編（2008）『教職論――教員を志すすべてのひとへ　第2版』ミネルヴァ書房.

熊谷信順・高橋超ほか編著（2005）『生徒指導・進路指導』ミネルヴァ書房.

佐々木正治編著（2008）『新教育原理・教師論』福村出版.

広岡義之編著（2013）『教育実践に役立つ生徒指導・進路指導論』あいり出版.

森田愛子編著（2014）『生徒指導・進路指導論』（教師教育講座第10巻）協同出版.

文部科学省（2010）『生徒指導提要』教育図書.

文部科学省（2008）『中学校学習指導要領解説（平成20年9月）　総則編』ぎょうせい.

文部科学省（2008）『高等学校学習指導要領解説（平成20年8月）　総則編』東洋館出版社.

文部省（1981）『生徒指導の手引（改訂版）』.

矢野正著（2013）『生徒指導論』ふくろう出版.

吉田辰雄・大森正編著（2004）『教職入門　教師への道』図書文化社.

吉田辰雄編著（1992）『最近の生徒指導と進路指導――その理論と実践』図書文化.

吉田辰雄編著（2006）『生徒指導・進路指導論』図書文化.

　　　　　　　　　　　　　　　　　　　　　　　　　　　　（広岡義之）

第2章 教育課程における生徒指導

　学校の時間割表には，国語科や社会科など教科指導の時間はあるが，「生徒指導」の時間は設定されていない。しかし，生徒指導は，教科指導とともに学校教育において重要な教育活動であり，いじめや学級崩壊などの教育課題が深刻になればなるほど，生徒指導の役割は大きくなっている。それにもかかわらず，なぜ生徒指導の時間は設定されていないのだろうか。

　さらに，教科指導には，教科書が使われるのに対して，生徒指導では教科書等は用意されていない。

　このような問題意識を手がかりにして，本章では，学校教育，とりわけ教育課程において生徒指導がどのような位置付けにあり，どのような意義があるのかを明らかにする。

1 教育課程とは

　学校教育は，各学校が編成する「教育課程」に沿って進められる。つまり，各学校が，「教育基本法」「学校教育法」「学校教育法施行規則」「地方教育行政の組織及び運営に関する法律」や「学習指導要領」に従って，地域や学校の実態及び児童の心身の発達の段階や特性を考慮し，それらの目標達成のための教育を実施するために編成するのが，教育課程である。

　一般に，各学校においては，学習指導要領に則って教育課程を編成することになるので，小学校では，各教科，特別の教科　道徳，外国語活動，総合的な学習の時間，特別活動によって編成することになる。

　表2-1は，小学校及び中学校において教育課程に位置づけて実施すべき年

表2-1　小学校（上）と中学校（下）の年間授業時数

	第1学年	第2学年	第3学年	第4学年	第5学年	第6学年
国　語	306	315	245	245	175	175
社　会			70	90	100	105
算　数	136	175	175	175	175	175
理　科			90	105	105	105
生　活	102	105				
音　楽	68	70	60	60	50	50
図画工作	68	70	60	60	50	50
家　庭					60	55
体　育	102	105	105	105	90	90
道　徳	34	35	35	35	35	35
外国語活動					35	35
総合的な学習の時間			70	70	70	70
特別活動	34	35	35	35	35	35
総授業時数	850	910	945	980	980	980

	第1学年	第2学年	第3学年
国　語	140	140	105
社　会	105	105	140
数　学	140	105	140
理　科	105	140	140
音　楽	45	35	35
美　術	45	35	35
保健体育	105	105	105
技術・家庭	70	70	35
外国語	140	140	140
道　徳	35	35	35
総合的な学習の時間	50	70	70
特別活動	35	35	35
総授業時数	1015	1015	1015

（出所）『小学校学習指導要領』
　　　　『中学校学習指導要領』

間授業時数を表している。各学校では，この時間数を基準として教育課程を編成しなければならないのだが，実際には，時間割表として具現化されることになる。

2 学習指導と生徒指導

　テレビドラマ『3年B組金八先生*』をはじめ，これまで数多くの学園ドラマで描かれてきたように，教員というのは，日々発生する児童生徒の問題行動に対応する生徒指導に追われ，落ち着いて学習指導に当たることが困難であるというイメージが強いかもしれない。実際に，中学校の先生のなかには，「私は，生徒指導一筋できました。」とおっしゃる方が多いのも事実である。逆に，「学習指導をきちんとすれば，生徒指導は自ずとできるものだ。」と言う先生もいらっしゃる。しかし，現実の学校現場で働くというのは，生徒指導にしても学習指導にしても，どちらか一方のみで事が足りるという短絡的な仕事ではない。つまり，教員にとって，学習指導と生徒指導とが二大責務であるということは，今も昔も変わらない「不易」なことであり，「生徒指導一筋」という言葉には，生徒指導に裏打ちされた学習指導ということが含意されているということを看過してはならないし，「きちんとした学習指導」が成立するには，児童生徒を授業に向かわせるだけの手立てが講じられている，すなわち生徒指導が機能しているということを物語っているのである。

　*1979年から2011年までにわたって，TBS系で断続的に制作・放送されたテレビドラマシリーズ。小山内美江子原作・脚本。主演の武田鉄矢扮する中学校の国語科教員である坂本金八が，学級担任をしている3年B組内に起こるさまざまな問題を体当たりで解決していくというストーリー。

　ところで，学校生活の大半を占めているのは，教科等の時間，すなわち学習指導で占められていて，教室に掲示されている時間割表には，「生徒指導」の時間というのは，1時間も位置づけられていない。つまり，学校の教育課程上では，「学習指導」の時間は，学習指導要領等の定めるところに従って計画的に設定されてはいるが，「生徒指導」のための時間については，特に定められ

ていないということになる。

　また，教科等を学習指導する際には，教科書が使用されるのに対して，生徒指導においては，教科書はもとより副教材なども用意されていない。

　これは，生徒指導が，一人一人の児童生徒の人格を尊重し，個性の伸長を図りながら，社会的資質や行動力を高めることを目指して行われる教育活動であり，すべての児童生徒の，それぞれの人格のよりよき発達を目指すとともに，学校生活がすべての児童生徒にとって有意義で興味深く，充実したものになることを目指して行なわれるからにほかならない。つまり，生徒指導という教育活動は，学校教育のあらゆる場面において行なわれるべきものであるからこそ，時間割表には位置づけられていないのであり，生徒指導を含まない学習指導などあり得ないということをも意味している。

　このことを，『生徒指導提要』では，「授業や休み時間，放課後，部活動や地域における体験活動の場においても，生徒指導を行なうことが必要です。その際，問題行動など目前の問題に対応するだけにとどめることがないようにする必要があります。」と述べている。

　また，滝（2011）は，図2-1のように，学校教育における学習指導と生徒指導との関連を生涯教育の文脈のなかでとらえ，以下のように説明している。

① 「地域社会・地域環境」に生まれ落ちた児童生徒は，学校教育を通して「大人社会・全体社会」へと成長・発達していく。
② 「小学校」「中学校」「高等学校」は，「家庭・近隣・社会による教育」を基盤として，積み上がる構造になっている。
③ その中心は，言うまでもなく「学習指導」，いわゆる「教科教育」である。
④ 児童生徒は，学習を通して自らの「社会的資質」を伸ばし，階段を上がるように新たな「社会的能力」を獲得し，さらにそれらの資質や能力を活用して「自己実現」を目指す。
⑤ 学習指導を取り巻くようになされる働きかけ，児童生徒の自発的・主体的な成長・発達を促す働きかけが，「生徒指導」である。

第2章 教育課程における生徒指導

図2-1 学校教育における学習指導と生徒指導の位置と役割
(出所) 滝 (2011).

3 教科における生徒指導

　生徒指導においては、あらゆる教育活動において、①自己決定の場を与えること②自己存在感を高めること③共感的人間関係を育成することの3つの機能を発揮することが重要であり、これらを通して児童生徒に自己指導能力を育成することを目指すことになる。この3つの視点から教科における生徒指導の在り方について検討する。
① 自己決定の場を与える指導
　自己決定とは、教師によって決められたことを、児童生徒が決められたとおりにやるということではなく、児童生徒が自ら決めて実行するということである。それは、常に他者との関係性において行動することが求められることになる。つまり、自分本位の「自己決定」ではなく、他者の主体性を尊重した上で、

自らの言動を律する必要がある。

　また，教師にも，生徒が自己決定する場をより多く取り入れた授業を行うためには，教師の指導性が不可欠となる。すなわち，児童生徒にどのような「自己決定」をさせるのかを予め想定した上で，選択の範囲を提示し，児童生徒が自身の能力や責任の範囲内で自己決定できるように支援することが求められるのである。

② 自己存在感を高める指導

　自己存在感とは，自分は価値ある存在であるという実感を児童生徒がもつことである。そのために，教師は，一人一人の児童生徒をかけがえのない存在としてとらえ，個々の存在を尊重して指導すること，すなわち，児童生徒の独自性や個別性を大切にした指導が必要となる。

③ 共感的人間関係を育成する指導

　共感的人間関係とは，相互に人間として無条件に尊重し合う態度で，ありのままに自分を語り，理解しあう人間関係を指す。そのためには，教師が進んで自己開示を行い，「指導する人と指導される人」という関係ではなく，「人と人」という関係をつくり出すことが大切になる。もちろん，共感的人間関係は，教師と児童生徒との関係だけではなく児童生徒同士の間でも大切なことであるから，ペア学習やグループ学習の機会を設定するような工夫が求められるが，児童生徒の間に「教える人と教えられる人」というような関係性が生まれないように配慮しなければならない。

　表2-2は，これら3つの機能を授業に生かすためにどのような手立てを講じるとよいのかを具体的に示したチェックリストである。

4　道徳教育における生徒指導

(1) 生徒指導と道徳教育の共通点

　学校における道徳教育は，「学習指導要領」によれば，「自己の生き方（中学校では「人間としての生き方」）を考え，主体的な判断の下に行動し，自立した人間として他者と共によりよく生きるための基盤となる道徳性を養うこと」

第2章 教育課程における生徒指導

表2-2 授業に生徒指導の機能を生かすためのチェックリスト

		4:よくしている 3:時々している 2:あまりしていない 1:ほとんどしていない	自己評価			
自己決定の場を与えることに関する手だて	1	児童・生徒が興味・関心をもつように、資料や教材提示の方法を工夫していますか？	4	3	2	1
	2	思考場面や観察場面で、考えたり、観たりする視点を示していますか？	4	3	2	1
	3	児童・生徒が主体的に学べるよう、個に応じた支援を行っていますか？	4	3	2	1
	4	児童・生徒が、学習課題や学習方法、学習形態などを選択できるようにしていますか？	4	3	2	1
	5	一人で調べたり、考えたりする時間を十分に与えていますか？	4	3	2	1
	6	児童・生徒が、自分の考えをみんなの前で発表する場を設けていますか？	4	3	2	1
	7	教育機器の活用を図ったり、多様な教材、教具、資料を準備したりしていますか？	4	3	2	1
	8	児童・生徒が今日の学習をふり返り、これからの学習について考えるような場を設けていますか？	4	3	2	1
	9	自分の考えや思考過程が分かるようなノートの取り方の指導をしていますか？	4	3	2	1
	10	多様な考えを生むような発問を工夫していますか？	4	3	2	1
自己存在感を与えることに関する手だて	11	どんな発言や考えも受け止めて大切にしていますか？	4	3	2	1
	12	名前を呼んだり、目を見て話したりするなど、児童・生徒に存在感をもたせるようにしていますか？	4	3	2	1
	13	つぶやきを積極的に取り上げて、発表のチャンスを与えるようにしていますか？	4	3	2	1
	14	児童・生徒が協力して学習できるように、多様な学習形態を取り入れていますか？	4	3	2	1
	15	児童生徒が授業に参加しているという気持ちをもてるように、発問などを工夫していますか？	4	3	2	1
	16	授業に意欲を見せない児童・生徒や学業が振るわない児童・生徒も、学習していけるような配慮をしていますか？	4	3	2	1
	17	授業の中で、「よくできたね」「がんばってるな」等の、承認や称賛、励ましをしていますか？	4	3	2	1
	18	児童・生徒の実態を把握し、授業のどの場面でどの児童・生徒を生かすか、見通しをもって指導していますか？	4	3	2	1
	19	多様な考えを提示して、お互いの考えに気付かせる工夫をしていますか？	4	3	2	1
	20	発言をしない児童・生徒に配慮していますか？	4	3	2	1
共感的な人間関係を育成することに関する手だて	21	良い態度をほめ、好ましくない態度は正すようにしていますか？	4	3	2	1
	22	たどたどしい発言でも言い終わるまで待ったり、的外れの考えや意見のように思われても、熱心に聴いたりしていますか？	4	3	2	1
	23	間違った応答を笑わないように指導していますか？	4	3	2	1
	24	児童・生徒一人一人を受け入れてほめ、児童・生徒の人間性を認めるようにしていますか？	4	3	2	1
	25	チャイムと同時に授業を始め、チャイムと同時に授業を終えるようにしていますか？	4	3	2	1
	26	友だちの意見に対してうなずいたり、拍手したりするなど、反応を返す促していますか？	4	3	2	1
	27	自己開示をし、児童・生徒から学ぶ姿勢をもっていますか？	4	3	2	1
	28	相互評価を取り入れ、お互いのよさを認め合うことができるようにしていますか？	4	3	2	1
	29	教師主導にならず、児童・生徒のテンポに合わせながら授業をすすめていますか？	4	3	2	1
	30	発言をつなげ、集団での学び合いとなるようにしていますか？	4	3	2	1

【参考資料】岩手県立総合教育センター

(出所) 岩手県立総合教育センター (2005).

を目標として行われるものである。つまり、児童生徒一人一人の将来に対する夢や希望、自らの人生や未来を拓いていく力を育むものであるといえる。

一方、学校における生徒指導は、『生徒指導提要』によれば、「一人一人の児童生徒の健全な成長を促し、児童生徒自ら現在及び将来における自己実現を図っていくための自己指導能力の育成を目指す」ものであるとされている。

両者を一読するだけで、その目指すところが、共に、児童生徒が「よりよく生きる」ために、現在から将来に向けての「自己実現」のために、「生きる力」を育むものであることがわかるだろう。

また、学校における道徳教育は、①「学校の教育活動全体を通じて行うもの」であり、②「各教科、総合的な学習の時間及び特別活動のそれぞれの特質に応じて」、③「児童（生徒）の発達の段階を考慮して」、「適切な指導を行」うこととされているが、①②③の主語を「学校における道徳教育」という文言から、「学校における生徒指導」という文言に置き換えたとしても、十分に意味が通じることからも、両者の共通点を見出すことができる。

学校における教育活動のあらゆる場面において、児童生徒が、現在及び将来にわたってよりよく生きるための力を育むという点において、道徳教育は「生徒指導」としての役割を担っているといっても過言ではない。そして、生徒指導もまた、「生き方」を指導するという点において、道徳教育としての役割を担っているともいえるのである。

（2）生徒指導と道徳教育の相違点

前節では、生徒指導と道徳教育の共通点について述べたが、一方で、相違点もまた、しっかりとおさえておかねばならない。

一言でその違いを表すならば、生徒指導は児童生徒一人一人の日々の生活場面における具体的な「道徳的実践」（言動）の指導が重視されるのに対して、道徳教育では、むしろ、具体的な「道徳的実践」を支える内面的な「道徳性」（＝道徳的判断力・心情・実践意欲や態度）の育成をねらいとしている。道徳教育が、別名「心の教育」ともいわれるのも、この内面的な道徳性を重視している点からである。

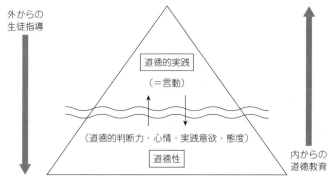

図2-2 「生徒指導」と「道徳教育」の関係

　もちろん，両者は密接に関連し合って，トータルな意味において，児童生徒の「生きる力」の育成にあたっているのはいうまでもない。

　道徳教育によって，道徳的な判断力等の児童生徒の内面的な「道徳性」が育成されるならば，日頃の児童生徒の「言動」として表に現れてくる「道徳的な実践」も確かなものになるはずである。また，逆に，日常生活における生徒指導が充実することによって，児童生徒の生活習慣や日常生活におけるマナー等が向上すれば，具体的な生活場面での道徳的な実践を通じて，内面の「道徳性」も磨かれるに違いない。

　生徒指導はいわば「外」からの，道徳教育は「内」からの，子どもたちの「より良い生き方」教育であると言い換えることができる。

　「生徒指導提要」において述べられている「生徒指導」と「道徳教育」の関係性を図式化すると図2-2のように表すことができる。

(3) 道徳科の目標と内容

① 道徳科の目標

　学校における道徳教育の「要」として位置付けられている「道徳科」の目標については，学習指導要領では，以下のように示されている。

第1章総則の第1の2に示す道徳教育の目標に基づき，よりよく生きるための基盤と

> なる道徳性を養うため，ⅰ）**道徳的諸価値の理解を基に**，ⅱ）**自己を見つめ**，ⅲ）**物事を多面的・多角的に考え**，ⅳ）**自己の生き方についての考えを深める**学習を通して，ⅴ）**道徳的な判断力，心情，実践意欲と態度**を育てる。
>
> （下線と番号は引用者）

　ⅰ）「道徳的諸価値の理解を基に」とは，「友情」や「思いやり」といった「内容項目」で表された「道徳的価値」の理解を「単に観念的におさえることに終始するのではなく，自らとの関係において深く捉え直して理解」することを出発点とすることを示している。

　ⅱ）「自己を見つめ」は，真摯に自己に向き合い，自己との関わりの中で道徳的価値を捉えるとともに，併せて自己理解を深めることが必要である。

　ⅲ）「物事を多面的・多角的に考え」，ⅳ）「自己の生き方についての考えを深める」という文言は，今日のグローバル化の進展，科学技術の発展や社会・経済の変化の中で，「人としての生き方や社会の在り方について，多様な価値観の存在を認識しつつ，自ら感じ，考え，他者と対話し協働しながら，より良い方向を目指す資質・能力を備えること」がこれまで以上に求められているということである。

　育成すべき資質・能力としては，具体的に，ⅴ）「道徳的な判断力，心情，実践意欲と態度」として表している。

② 道徳科の内容：4つの視点から分類された内容項目

　学習指導要領に示されている道徳教育の内容は，児童生徒の道徳性を，4つの視点から分類整理し，各学年における指導内容をそれぞれ示している。表2-3に示した4つの視点から分類された内容項目は，小学校低学年で19項目，中学年では20項目，高学年で22項目，中学校で22項目である。これらの内容項目は，「思いやり・親切」や「友情・信頼」のように，一言で表されるテーマに基づいた内容が，発達段階ごとに，具体的に文章で示されている。これは道徳の時間の指導内容であるだけでなく，学校の教育活動全体を通じて行われる道徳教育の指導内容でもある。指導に当たっては，児童生徒の道徳性の実態を

表2-3 各学年における内容項目数一覧

視　点	小学校 低学年	小学校 中学年	小学校 高学年	中学校
A 主として自分自身に関すること	5	5	6	5
B 主として人との関わりに関すること	4	5	5	4
C 主として集団や社会との関わりに関すること	7	7	7	9
D 主として生命や自然，崇高なものとの関わりに関すること	3	3	4	4

踏まえ，指導の適時性，関連性，発展性に留意した重点的な指導の工夫に努める必要がある。

③ 道徳科の指導方法

　小・中学校における道徳教育は，「道徳科」を要として学校の教育活動全体を通じて行うものであり，道徳科については，各学年35単位時間（ただし，小学校第1学年は34単位時間）で，一単位時間を小学校で45分，中学校で50分行うものとしている。

　また，各学校において，「道徳教育の全体計画」を作成するとともに，「道徳の時間の年間指導計画」を作成し，各教科等との関連を考慮しながら，計画的，発展的に授業が行われるよう工夫することが求められている。

　道徳の時間においては，年間指導計画に位置付けられたそれぞれの主題を指導するに当たって，児童生徒や学級の実態に即して，学習指導案を作成したうえで，授業を行う。

　多くの場合，「内容項目」に示されている「道徳的価値」を主題とした「読み物資料」を読み，その後，「物語」の登場人物の「生き様」を自分の生き方とのかかわりで考え，学級での他の児童生徒との意見交流などによって学び合うことをとおして，「よりよい生き方」についての考えを深めることになる。

④ 道徳教育の評価

　学習指導要領の「第3　指導計画の作成と内容の取扱い」4には，「道徳教

育の評価」についての留意点が示されている。

> 5　児童の学習状況や道徳性に係る成長の様子を**継続的に把握し**，指導に生かすよう努める必要がある。ただし，**数値などによる評価は行わない**ものとする。
>
> （下線は引用者）

　一人一人の児童の道徳性が道徳教育の目標や内容を窓口として，どのように成長したかを明らかにするよう努めることが大切ではあるが，道徳教育における評価とは，あくまでも児童の人間的な成長を見守り，児童自身がよりよい生き方を求めていく努力を評価し，それを勇気付ける働きをもつものでなければならない。また，それは，客観的な理解の対象とされるものではなく，教師と児童との温かな人格的な触れ合いやカウンセリング・マインドに基づいて，共感的に理解されるべきものである。これは，数値などによって不用意に評価してはならないことを示している。また，児童生徒の「学習の状況」や「道徳性に係る成長の様子」を「継続的」に把握し，指導に生かすことも求められている。

（4）道徳科における生徒指導

　前節で述べたように，道徳科においては，計画的・発展的に毎週1時間の授業を行うのに対して，生徒指導の場合も，年間指導計画に基づいて指導はしていくが，日々の学校生活のなかでさまざまに生じてくる，個別の問題について，児童生徒の一人一人の課題に合わせた，具体的な指導や支援が必要である場合が多い。そのことから，道徳科での指導と実際の生活場面での生徒指導を別個のものとしてとらえがちであるが，むしろ，両者は相互補完的な関係にあり，それぞれの指導を関連させることが，児童生徒に対して，より一層効果的な指導になる。そのことを，『生徒指導提要』では，いくつかの例を挙げて述べているが，まとめると図2-3のようになる。

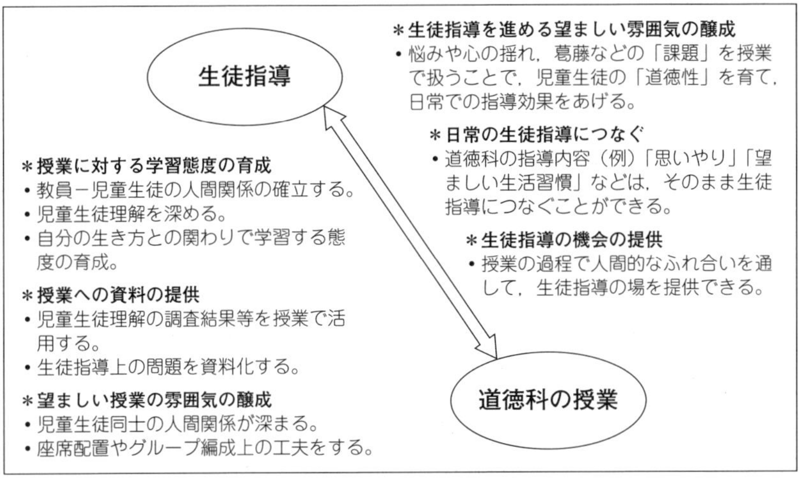

```
┌─────────────────────────────────────────────────────────────┐
│                          ＊生徒指導を進める望ましい雰囲気の醸成    │
│         ╭─────╮          ・悩みや心の揺れ，葛藤などの「課題」を授業 │
│         │生徒指導│          で扱うことで，児童生徒の「道徳性」を育て， │
│         ╰─────╯          日常での指導効果をあげる。           │
│            ↑            ＊日常の生徒指導につなぐ              │
│ ＊授業に対する学習態度の育成  ・道徳科の指導内容（例）「思いやり」「望 │
│ ・教員－児童生徒の人間関係の確立する。 ましい生活習慣」などは，そのまま生徒 │
│ ・児童生徒理解を深める。     指導につなぐことができる。         │
│ ・自分の生き方との関わりで学習する態 ＊生徒指導の機会の提供        │
│  度の育成。             ・授業の過程で人間的なふれ合いを通   │
│ ＊授業への資料の提供        して，生徒指導の場を提供できる。    │
│ ・児童生徒理解の調査結果等を授業で活                         │
│  用する。                                              │
│ ・生徒指導上の問題を資料化する。     ╭──────╮               │
│ ＊望ましい授業の雰囲気の醸成       │道徳科の授業│              │
│ ・児童生徒同士の人間関係が深まる。    ╰──────╯              │
│ ・座席配置やグループ編成上の工夫をする。                       │
└─────────────────────────────────────────────────────────────┘
```

図2-3 「生徒指導」と「道徳科の授業」の関係

5 総合的な学習の時間における生徒指導

（1）総合的な学習の時間

　総合的な学習の時間の目標は，「横断的・総合的な学習や探究的な学習を通して，自ら課題を見付け，自ら学び，自ら考え，主体的に判断し，よりよく問題を解決する資質や能力を育成するとともに，学び方やものの考え方を身に付け，問題の解決や探究活動に主体的，創造的，協同的に取り組む態度を育て，自己の生き方（高等学校は，在り方生き方）を考えることができるようにする。」というものである。

　つまり，生徒指導提要が示すように，「①横断的・総合的な学習や探究的な学習」を通して「②協同的に学ぶこと」や「③自己の生き方を考えること」を目指すのである。これらは，前述の生徒指導の3つの機能と重なることでもあるので，紙面の都合上，この視点からの検討は加えず，総合的な学習の時間ならではの生徒指導という視点からの留意点について言及するにとどめる。

（2）総合的な学習の時間ならではの生徒指導

　総合的な学習の時間では，小学校でも中学校でも，学校外に出て地域社会と交流する機会が多くなる。このような機会を捉えてどのような生徒指導の機能を発揮する場面があるだろうか。まず，社会規範を指導するチャンスである。たとえば，事前にアポイントメントを取ってから面会したり取材したりすること，しかも，先方の都合に合わせるようにすることなどは，社会通念であるのだが，往々にして学校の都合を優先して身勝手な依頼をしてしまいがちになり顰蹙(ひんしゅく)を買ってしまう。そこで，「学校の常識は社会の非常識」などと揶揄されることになる。しかし，学校は社会の一部であり，児童生徒も社会の一員であるのだから，社会のルールやマナーに従って振る舞わなければならないという社会参画意識を育てる絶好の機会になる。

　次に，情報モラル教育としての積極的生徒指導を行う場とすることが考えられる[*]。情報収集のためのインターネット利用はもとより，SNS（social networking service）によるいわゆる「ネットいじめ」の問題など，情報社会の急速な発達にともなって，求められる情報スキルやモラルも日々更新されていくといっても過言ではないので，それに対応した指導を怠るわけにはいかない。実際，内閣府が行った「平成25年度青少年のインターネット利用環境実態調査」によると，小学生の約3割（30.3%），中学生の5割弱（48.8%），高校生ではほとんど（96.4%）が自分専用の携帯電話（PHS・スマートフォンを含む）を所有している。また，「自分専用の携帯電話」と「家族と一緒に使っている携帯電話」を合わせた『携帯電話を持っている』まで拡大すると，小学生では3割台後半（36.6%），中学生では5割強（51.9%），高校生では97.2%にのぼる。また，そのうち，高校生の約6割，中学生の役3割，小学生の約1割がインターネット上のトラブルや問題行動に関する行為を経験しているという結果が，このことの喫緊性を裏付けている。

　従来，「日常のモラル」の指導に加えて，「情報社会の特性の理解」を進める指導の両方の指導によって，「情報社会で適正な活動を行うための基になる考え方と態度」を育ようとする「情報モラル教育」が総合的な学習の時間に位置づけられてきた。しかし，どうしても，問題が発生してからの後追い的な消極

的生徒指導*にならざるを得なかった。先行する技術革新の先回りをすることは不可能であるかもしれないが，児童生徒並びに保護者と教師とが危機感を共有した取り組みが求められている。

　　＊消極的生徒指導とは，問題行動等が起こったとき，その対応や事後指導，相談といった生徒指導のことをいい，治療的・対症療法的な生徒指導とも言われるものである。一方，積極的生徒指導とは，問題行動等の未然防止に向けた予防的な指導や相談，児童生徒の成長を促す生徒指導のことをいい，開発的・予防的な生徒指導ともいわれるものである。

6　特別活動における生徒指導

(1)「積極的生徒指導」としての特別活動

「特別活動」の目標は，学習指導要領では，以下のように記されている。

> 望ましい集団活動を通して，心身ともに調和のとれた発達と個性の伸長を図り，集団（や社会）の一員としてよりよい生活や人間関係を築こうとする自主的，実践的な態度を育てるとともに，自己の（人間としての）生き方〈在り方〉についての考え（自覚）を深め，自己を生かす能力を養う。
> 　　　　　　　　　　　　　　　　　　　＊（　）は中・高，〈　〉は高

　生徒指導の意義である「自己指導能力」や「自己実現のための態度や能力」の育成を，児童生徒の「望ましい集団活動」を通して行うのが，特別活動である。特別活動には，学級活動（ホームルーム活動），児童会（生徒会）活動，学校行事，クラブ活動（小のみ）の４つの活動内容があり，全校の児童生徒が集団の一員として，学校や学級におけるよりよい生活づくりに参画し，諸問題の解決に取り組む中で，互いに認め合いながら，望ましい人間関係を構築していくのである。そして，これは前節で述べた「積極的生徒指導」そのものである。

(2)「すきま」を埋める生徒指導としての特別活動

　児童生徒が学校で過ごす時間のほとんどは，各教科の授業に費やされている。

毎日6時間の授業が行われるとして，毎時間45分（中高は50分）を基本として授業が行われ，10分程度の休み時間をはさんで，また次の授業が始まる。8時間程度の学校滞在時間のうちの大部分は，授業時間であるといっても過言ではない。教師もまた，授業を行うための「教材研究」や準備等に，多くの時間とエネルギーを費やしている。

　しかしながら，授業以外の時間（休み時間，朝の会，終わりの会，昼食や清掃等）は，児童生徒にとっても，教師にとっても，決して，どうでもよい「すきま」の時間ではない。授業以外のこれらの時間こそ，生徒指導上の「トラブル」が多く発生する時間である。また，児童生徒の学校生活の「居場所」となるべき「学級」の雰囲気や基本的な子ども同士の人間関係も，このような時間帯に日々形成されていくのである。

　したがって，授業中はもちろんであるが，授業以外の時間も，「すきま」を埋める教育活動として，生徒指導は行われなければならない。しかし，それは，児童生徒がトラブルを起こさないように，「絶えず教師が目を光らせておかなければならない」という意味ではない。生徒の問題行動のみを取り締まるという発想の生徒指導ではなく，学校生活の主役としての児童生徒が主体となって，「学校づくり」「学級づくり」を進めていく時間でもあるのである。

　教育課程上，いわゆる時間割に位置付けられている特別活動の時間は，「学級活動」の週一時間のみである。その「学級活動」も，わずか週一時間だけで，全ての活動内容をこなしているわけではない。小学校においては，休み時間でさえも，「みんな遊び」と称して，学級全員で遊ぶ時間が企画されたりすることがある。「学級活動」の時間にみんなで決めた基本的な係分担等が，実際に行われるのは，給食や清掃の時間であったりする。

　「学級活動」以外の「児童会・生徒会活動」や「学校行事」などは，時間割にさえも記されていない。特別活動は，学校生活において，教科の授業以外の「すきま」の部分のすべてを担っているともいえる。いや，教科の授業の充実も，学級での仲間づくりが影響するのだとしたら，学校生活の全てにわたって影響を与えるものであるともいえる。かつては「教科外活動」ともいわれた「特別活動」であるが，いまや，学校生活を作っていく「基本活動」とさえい

えるのではないだろうか。

（3）特別活動の充実が学校生活の充実をもたらす

「生徒指導」という言葉には，児童生徒を教師の「指し示した方向に導く」といったイメージが強いが，同時に「育成」（＝児童生徒を「育てて成長させる」）や「支援」（＝児童生徒の活動を「支えて，応援する」）といった視点が重要である。特別活動はまさに，児童生徒の「育成」「支援」を中心とした教育活動である。特別活動には，以下に示すような特質がある。

① 学校や学級の「基盤」を作る教育活動
② 児童生徒の「適応」を促す教育活動
③ 学校「文化や伝統」を作る教育活動

これらの活動を進めていくうえで，児童生徒が学校誠意活に適応し，豊かな人間性や社会性を育むための「ガイダンス機能」を充実させることも重要である。

（4）「進路指導」としての特別活動

生徒指導が重視している「キャリア教育」は，特別活動においては，たとえば，中学校・高等学校では，学級活動の内容の（3）「学業と進路」において具体的に示されている。

キャリア教育の充実の観点からも，児童生徒が将来にわたってよりよく自己実現を図って生きていく力を身に付けていくことができるように指導していかなければならない。そのためにも，特別活動を中心として，各教科や道徳科，総合的な学習の時間等とも関連させる必要がある。

参考文献

滝充（2011）「小学校からの生徒指導～『生徒指導提要』を読み進めるために～」国立教育政策研究所紀要，第140集．

文部科学省（2008）『小学校学習指導要領』東京書籍．

文部科学省（2008）『中学校学習指導要領』東山書房．

坂本昇一（2002）『生徒指導と教育課程』開隆堂.
岩手県立総合教育センター（2005）「生徒指導の機能を生かした授業づくりの手引き」.
文部科学省（2015）「小学校学習指導要領解説　総則編（抄）」.
文部科学省（2015）「小学校学習指導要領解説　特別の教科　道徳編」.
文部科学省（2015）「中学校学習指導要領解説　総則編（抄）」.
文部科学省（2015）「中学校学習指導要領解説　特別の教科　道徳編」.
文部科学省（2008）『小学校学習指導要領解説　特別活動編』東洋館出版社.
文部科学省（2008）『中学校学習指導要領解説　特別活動編』ぎょうせい.

（杉中康平・福本義久）

第3章

生徒指導と問題行動

　生徒指導は，指導力のある教員が非行少年に対して行う，特別の指導であると思われていた時期があった。それは，少年による刑法犯検挙人数が，昭和26年の第一ピークと昭和39年の第二ピークを過ぎ，なお増加し続けていた時代のことである。その頃の非行は生活型犯罪行為によるものが主流で，非行少年は態度や服装を一見してそれとわかった。彼らへの指導は，生徒指導の担当教員がするものと思われていた。その指導は威圧的な言動でワンパターンにみえたが，ほとんどのケースは解決の方向に向かっていた。ところが，最近では普通の生活態度にみえる少年が問題行動を起こしている。ソーシャルネットワークで出会い，直接関わりのない人と事件に巻き込まれたりするケースも報道されている。ネット上のトラブルも含めた問題行動の多様さが指摘され，原因も解決の方向もなかなかみえにくい時代になっている。

　生徒指導は，特別な児童生徒だけではなくすべての児童生徒に対してすべての教員が行うものである。学校（教師）はさまざまな問題行動に対してチームで対応している。この章では，学校が生徒指導の問題解決に向け，どのように取り組んでいるのかを紹介する。生徒指導の実践場面で参考になることを願っている。

1　生徒指導とは

　生徒指導とは，「一人一人の児童生徒の人格を尊重し，個性の伸長を図りながら，社会的資質や行動力を高めること目指して行われる教育活動」と生徒指導提要（文部科学省 2010）に定義されている。そのねらいは，すべての児童生徒のそれぞれの人格がよりよく発達するとともに，学校生活がすべての児童生

徒にとって有意義で興味深く，充実したものになることである。さらに生徒指導は，学校教育目標を達成する上で重要な機能を果たすものであり，教科指導と並んで重要な意義をもつものである。そのためには，学校教育において次の5つの視点を踏まえて生徒指導を展開しなければならない。

(1) 生徒指導は，すべての教育活動を通して行われる。

　生徒指導は，教科指導，道徳教育，総合的な学習の時間，学校行事などの特別活動，休み時間や放課後，部活動や体験活動などの学校生活の場において，それぞれ関連を図った対応が求められる。換言すると，教育課程のすべての領域において機能するだけでなく，教育課程外の教育活動においても機能することが求められる。さらには，地域におけるボランティア活動や体験活動など地域・家庭生活との関連も重要になる。

(2) 生徒指導は，すべての児童生徒が対象で，生きる力や自己指導能力を身につけることを支援する。

　生徒指導は，教科指導のように体系的に知識を注入することやしつけ・訓練のような教師主導型の指導はなじまない。問題行動に対する指導という受け身的な対応だけではなく，児童生徒の生きる力や自己指導能力を育成するという積極的（開発的）な対応が求められる。

(3) 生徒指導の基盤は，児童生徒理解である。

　生徒指導は，児童期・青年期の発達状況や心理の特徴を熟知して対応されるものである。一人一人の児童生徒は，それぞれ異なった能力，適性，興味・関心などを持っている。生育歴や将来に対する夢や思いも異なる。児童生徒理解は，一人一人の児童生徒を客観的にかつ総合的に認識するところから始まる。生徒指導の基盤は，児童生徒理解の深化と共に教師と児童生徒の信頼関係を築くことである。

(4) 生徒指導は，望ましい人間関係づくりが重要で，集団指導・個別指導の視点がある。

　特別活動の目標に示された「望ましい集団活動を通して……」とは，特別活動の性格をあらわす指導原理である。望ましい集団とは，児童生徒の主体的・

実践的な態度で醸成された自発的・自治的な集団である。そこには，教師の適切な指導（集団指導・個別指導）が展開している。生徒指導の充実は，特別活動の目標を実現させるための前提的な条件である。

(5) 生徒指導は，組織的・計画的に学校全体で進める。

生徒指導を展開するためには，全職員の共通理解を図り，学校としての協力体制・指導体制を築くことが不可欠である。また事案によっては，学校内だけで終結するのではなく，家庭や地域，関係機関との連携を密にしながら進めることが肝要である。教員一人一人の努力と学校チームとしての計画的な取組みは，多様化した問題行動の対応として欠かすことができない。

2 問題行動とは

問題行動といえば，学習に意欲がなく，行動が粗暴で校則やマナーを平気で破り，教員の指導や保護者の言うことを聞かない児童生徒であると考えられる。彼らは，集団で行動し深夜徘徊やコンビニ周辺でたむろし，しばしば補導の対象になる。いわゆる反社会的な行動をとる児童生徒のことであると思われている。しかし，問題行動はそれだけではない。「学校生活でも他人への関心をもたず，自分の殻に閉じこもり話す友だちもほとんどいない。」「学級活動や学校行事に参加することはなく保健室にいることが多い。」「粗暴な行動はなく成績も悪くないが，時として感情的になったり暴言を吐いたりする。」このように集団になじめない，感情のコントロールができないなど，いわゆる非社会的な行動をとる児童生徒も注意が必要であり，問題行動といえる。

（1）問題行動に対応する視点

問題行動が発生すると，児童一人一人の特性を踏まえあらゆる視点から適切に対応することになる。問題行動は，「反社会的か非社会的か」「集団で行われたか個別か」「発達障害の特性があるか」など，その視点は個々のケースで異なり多面的にとらえることから始まる。深刻な問題行動が起こると近視眼的になり対症療法的なかかわりに終始することがある。指導にあたっては共通理解

されたマニュアルにしたがって慎重に進めるが，試行錯誤しながら適切な指導の在り方を模索する場面もでてくる。場合によっては，児童生徒の将来を慮ったり，心理的な距離をおき俯瞰的なとらえ方をしたり，情熱的なかかわりからクールな判断に切り替えたりすることも必要になってくる。そこで教員は，次の4つの視点を意識しながら，問題行動の全体を把握し適切に対応しなければならない。

① すべての児童生徒が，問題の要因を内包している可能性がある。

　特に心身の変動が激しい成長期には好ましくない社会的な影響を受けやすい。いつでもだれでも問題行動をおこす可能性があると考えなければならない。

② 問題行動を起こす児童生徒は，小学校で問題の予兆があると意識する。

　中学校や高等学校で問題行動の原因を振り返ると，小学校段階でその予兆がある。喫煙や万引きなど小学校の高学年で経験しているケースがある。中学校で不登校になった生徒でも小学校で登校渋りがあったとの報告がみられる。小学生だからと安易に考え放置するのではなく，学校間で連携を取りながら問題行動の予防に努めなければならない。

③ 生徒指導は，すべての児童生徒の成長を促すための積極的な指導である。

　生徒指導は，ルールや校則を厳しくし児童生徒を取り締まることではない。究極的には学校教育の質を高め，目的を達成するために行うものである。それぞれの教員が，児童生徒の人間性を信じ，本来もっている能力や可能性を引き出し，自己指導能力を育成しなければならない。

④ 発達障害の特性が，直接の要因として問題行動につながることはない。

　対人関係の問題に対してストレスや不安感が高まると，自信喪失になり自尊感情の低下を招くことがある。長期化すると適応困難や不登校，引きこもり，反社会的行動などの二次的な問題行動につながることがある。

このように問題行動に対しての視点をもって児童生徒にかかわることが大切である。教師は多様な問題行動を把握することはもちろんのこと，問題行動の対応について専門的な知識や多様な指導方法を習得することも期待されている。

（2）問題行動のサイン

　学級担任をしていると，児童生徒の生活の様子が手に取るようにわかることがある。それは，家庭との連携がうまくとれて，保護者からの信頼を得ているときが多い。また，家庭の様子はわからないが，学校生活に気になる変化を感じるときがある。児童生徒は，生活や心の様子に変化があると何らかのサインを発することがある。教員は注意深く児童生徒を観察し，サインにたいして何らかの働きかけを行うことで，問題行動を未然に防ぐことができる。

　学校と家庭における問題行動のサイン一例を表3-1に示す。

（3）問題行動のタイプ

　問題行動のサイン（表3-1）からわかるように，教員はちょっとした変化も見逃さないで観察しながら児童生徒と関わっている。問題行動をいくつかのタイプに分けると次のようになる。

　① 非行や対教師暴力など外に攻撃を向ける「反社会的なタイプ」
　② 基礎学力習得などの教育的支援や生活適応支援が必要な「学力・適応支援タイプ」
　③ ソーシャルスキルやピア・サポートが必要な「心理的支援タイプ」
　④ 不登校やひきこもりのように内にこもる「非社会的タイプ」
　⑤ 児童虐待や保護者の精神的病気が背景にある「福祉的支援タイプ」
　⑥ 発達障害や摂食障害などの「医療を要するタイプ」
　⑦ 児童虐待や家庭内暴力，家出（行方不明），深夜徘徊など，必要に応じて警察やサポートセンターへの連絡が必要な「緊急を要するタイプ」

などである。

　このように問題行動は7つのタイプに分けることができる。タイプ分けの意味は，それぞれのタイプの特性にあったかかわり方を迅速に始められることや組織的な連携をとりやすくすることにつながる。たとえば，学級担任は日々のかかわりから授業の様子や家庭訪問などにより家庭環境を知っている。生徒指導の担当教員や保健室の養護教諭はちょっとした服装や体の変化を見逃さない。スクールカウンセラーは心理的な支援から心のサインを感じている。タイプの

表 3-1　問題行動のサイン

```
1　学校における問題行動のサイン
（1）出欠席など
　・遅刻や早退が多くなる ・欠席が増える ・欠席が長引く ・家庭からの連絡がない
（2）言葉遣い
　・指導に対してうそや反抗,無視,言い逃をする　・乱暴な口調や下品な言葉を使う
（3）服装や身だしなみ
　・服装や髪型を気にし特異が目立つ　・身だしなみがだらしない　・髪を染める
（4）人間関係
　・遊び仲間のグループでいることが多くなる　・友人関係がなくなり孤立化する
　・異性に関心が強くなる　・仲のよかったグループから急に離れる　・攻撃を受ける
（5）授業時間の態度
　・授業をサボる　・授業に集中しない　・ぼんやりしていることが多い
　・授業中の指示に従わない　・成績が急に下がる　・宿題をしない　・私語をよくする
（6）授業時間以外の態度
　・あいさつをしない　・イライラして落ち着きがなくなる　・視線が合わない
　・教師を避けるようになる　・ケンカやもめ事が多くなる　・情緒が不安定になる
2　家庭における問題行動のサイン
（1）生活のリズム
　・ゲームや携帯電話に夢中になり夜遅くまで起きている
　・夜から急に外出したり,外泊することもある　・頭痛などの体調不良で登校を渋る
　・友だちが変わる
（2）家族との関係
　・親や兄弟に乱暴な言葉を使う
　・友だちと遊ぶ回数が減ったり,友だちのことを話さなくなる
　・部屋に引きこもり話さなくなる　・部屋の乱れがひどくなる
（3）態度や行動
　・あいさつや返事をしなくなる　・服装や髪型などが変わる　・身だしなみがだらしなくなる
　・悪口や否定的な発言が多くなる　・笑顔がなく元気がなくなる
　・スマホを離さなくなる　・ゲームやインターネットをしている時間が長くなる
　・独り言が多くなる　・ため息が多く投げやりになる　・金遣いが荒くなる
　・知らない持ち物が多くなる　・服装を汚して帰ってくる　・怪我をよくする
　・情緒が不安定で感情的になる　・成績が低下する　・喫煙や飲酒をする
```

特性にあった問題行動のサインは，それぞれの立場で認識されるようになる。多くの教員からの情報は，問題行動を総合的にとらえ，教職員の共通理解に役立ち，学校チームとして組織的な対応につながる。その結果，児童生徒の性格や生活背景が多面的に理解され，問題行動タイプの認識が深まり適切な対応につながる。

　また,「福祉的支援タイプ」「医療を要するタイプ」「緊急を要するタイプ」

などのように，問題によっては学校組織の対応に限界があり，関係機関との連携を判断しなければならない。問題行動の指導は教員一人で抱え込むには無理があるので，学校の教職員全員で対応しなければならない。学校長は，組織をまとめている責任者としての役割とさまざまな判断を求められている。

3　学校における生徒指導

(1) チームとしての対応

　生徒指導主任（生活指導主任）は，解決のための専門的な知識やスキルを求められ，「チーム学校」としてのリーダーシップを期待されている。彼らは，関係機関と連携することでネットワークを広げ適切な対応を重ねることで教員から信頼されている。学級担任は，学級づくりとしての集団を意識した指導と児童生徒個々人への対応も求められており，問題行動を解決するための要として期待されている。教員は，一人一人の児童生徒にかかわりそれぞれの役割を果たそうと努力している。しかし，問題行動の多様性と不透明さのなかで，一人で対応したり担当教員に任せたりするだけでは解決につながらないと感じている。問題行動は，生徒指導主事（生活指導主任）や学級担任など限られた教員だけでは解決できない。全教職員が共通理解を図りながらチームとして対応し，組織的に展開することが肝要である。そのためには次の5つのことを確認したりチェックしたりしながら組織を運営しなければならない。

　① 全教職員が一致協力して役割分担し，それぞれの専門性を生かして役割を遂行する。

　② 学校の実態を踏まえて職員会議などで共通理解し，学校としての指導方針を明確化する。

　③ 問題行動の対応に終始する対症療法的なかかわりだけでなく，積極的・開発的な指導援助体制を確立し，すべての児童生徒の健全な成長を促進する。

　④ 問題行動の背景を的確に把握し，解決の方向を明確にし，迅速かつ毅然と対応する。

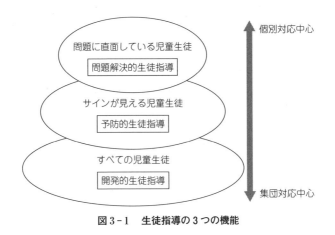

図3-1　生徒指導の3つの機能

⑤　問題行動について，解決に至ったケースやそうでないケースについて過程を振り返ったり評価したりすることで，今後の改善策を検討しそれを生かす。

(2) 生徒指導の3つの機能

　生徒指導は，児童生徒理解を基盤にしながら指導内容や対象などにより分類できる（図3-1参照）。ひとつはすべての児童生徒を対象とした問題行動の予防や，個性や自尊感情・社会的スキルの伸長に力点をおいた「開発的（育てる）生徒指導」である。これは，おもに学級集団に焦点をあて集団のなかで個を育てることになる。活動の内容は，自己肯定感を高める活動や他者との違いを認めることで互いに支え合う人間関係を築くための活動になる。特別活動（学級指導）の領域では，学級はじめに行われる適応指導やルール・リレーションづくりなどがこれにはてはまる。もちろん道徳の時間，総合的な学習の時間などを活用した思いやりや生き方にかかわる指導も「開発的（育てる）生徒指導」といえる。これらは，学校全体の教育活動を通して児童生徒の成長を促進するのである。

　次は，問題行動のサインなどで気になる一部の児童生徒に対してどのように関わるかという「予防的生徒指導」である。問題を未然に防止するためには，

日常から児童生徒をよく観察し、問題行動のサインを見逃さず、本人が主体的に自らの力で解決できるよう援助することである。また、本人が一人で問題を抱え込まないよう教師や児童相互の人間関係を構築したり相談できる人的環境や信頼関係をチェックしたりしておく必要がある。

最後は、不登校やいじめ、暴力行為など深刻な問題行動を抱えている特定の児童生徒に対して行う「問題解決的生徒指導」である。この問題は、学校だけで解決できないことが多い。たとえば、「保健室を居場所にしている集団になじめない児童がいる。母子との関係が気になり教育相談センターに連絡した。」「いじめが原因で不登校になった。スクールカウンセラーに相談しているが、加害者責任について保護者同士のトラブルに発展した。」「複数の生徒が深夜徘徊で警察に補導された。学校は、保護者や地域の補導員と連携しパトロールを強化した。教育委員会は全学校に対して青少年育成の補導体制をチェックした。」このように関係機関と連携して問題解決にあたるケースは多くある。教員は、それぞれの指導場面で専門家のアドバイスを受けることがある。専門的な知識やスキルを理解するだけでなく、チームで対応するときの実行力も問われている。

(3) 生徒指導の集団指導と個別指導

生徒指導の集団指導と個別指導は、集団指導を通して個を育成し、個の成長が集団を発展させるという相互作用の関係にある。教育活動における指導場面では、一人一人の個性を大切にして生きる力を伸ばし、よりよい生活や人間関係づくりを主体的に実践する集団指導と個別指導の両方が必要である。

個別指導は、集団から離れて行う指導と、集団場面においても個に配慮しながら行う指導がある。たとえば集団に適応できない場合や発達的な指導・援助が必要な場合は、集団から離れて個別に行う方が効果的に児童生徒の力を伸ばせることがある。

集団指導は、集団全体に焦点をあてることではなく、集団の構成員である児童生徒一人一人について考慮することを意味する。集団の編成においても、一人一人の発達段階や特性や適切な人数構成を考慮するなど、個に配慮する工夫

が望まれる。集団指導と個別指導はどちらか一方に偏ることなく，その両方の場面でバランスよく指導することが，児童生徒の最大限に伸ばせることになる。さらに，集団指導と個別指導のどちらにおいても前述した開発的指導，予防的指導，問題解決的指導の３つに分けて考えることができる。

（４）生徒指導の体制

　生徒指導は，教職員すべてがそれぞれの役割を分担するとともに，補完的な関係のもとにすべての児童生徒に対して行う教育活動である。そのためには，生徒指導の役割と機能が十分に発揮され，適切な対応と指導が展開していることが求められる。その体制は，生徒指導の目標が明確化に示されることで教職員の共通理解が図られることにより機能する。生徒指導の組織の位置づけは，校長を中心した校務分掌を確立することで，すべての教職員がすべての児童生徒を対象に行う体制が整うことになる。

　生徒指導体制を具体的に構築するためには次のことが必要になる。①組織的な指導計画を作成する。②校務分掌を含む人的組織化を図る。③教職員研修会などを含む年間計画を策定する。④生徒指導に関する資質向上を目指した専門的研修を充実する⑤生徒指導のための資料整備や環境整備を行う。

（５）専門的な人的配置

　専門的な人的配置は学校長の要請を受けて教育委員会が行っている。教育委員会によっては，多様な問題行動に対して専門性を備えた人材を適切に配置している。その一例として次のような役割がある。

① スクールカウンセラー

　スクールカウンセラーは，臨床心理に関しての専門的な知識・経験を有する者として学校内で位置づけられている。「心の専門家」として公立の小学校，中学校への配置が拡充されている。児童生徒へのアセスメント活動や保護者へのカウンセリングだけでなく，生徒指導のチーム体制への支援や教職員などへの研修活動も実施している。

② スクールソーシャルワーカー

　個々の児童生徒のニーズに応じて支援を行う，ソーシャルワークの専門職である。相談活動などの直接的支援だけでなく，保護者や教職員への気持ちの代弁，問題解決に必要な情報の提供，学校関係者と地域機関との連携の促進，場合によっては児童相談所などの専門機関への橋渡しを行う。学校だけでは問題の解決が困難なケースも多く，積極的な活用と連携が求められている。

③ 特別支援教育支援員

　特別支援教育支援員は，学習面や行動面のサポートなど学習支援的なかかわり，食事や車いすの移動などの補助的なかかわりを行っている。支援の内容は児童生徒によって多岐にわたるため，担任との連携が不可欠になる。教育活動の場面において事前に打ち合わせをしたり，情報の共有をしたりすることで効果的な活用が期待されている。

　教育委員会は以上のような専門家などを配置するが，実際に活用するのは学校現場の教職員である。それぞれの立場や役割を十分理解し，活用方法について共通理解していくことが重要である。しかし現状は，スクールカウンセラーとスクールソーシャルワーカーとの違いについて分からないこともある。それらの違いは，個人の心理的な悩みについてカウンセリングで問題解決するアプローチの仕方と個人と個人を取り巻く環境に働きかけて問題解決に向けるアプローチの仕方にある。それぞれの考えに依拠する専門家としては，臨床心理士など（スクールカウンセラー）と社会福祉士など（スクールソーシャルワーカー）の違いとしてあらわれている。大切なことは，それぞれの専門性を活かして連携することで，児童生徒や教職員が抱える問題を解決するための体制（チーム）が，より強固になることである。教育委員会によっては「活用方針等に関する指針（ビジョン）」を提示しているので，効果的な活用が求められる。

4 学級担任が行う教育相談

　教育相談は，一人一人の児童生徒の教育上の問題について，本人またはその親などに，その望ましい在り方を助言することである。その方法は1対1の相談活動に限定することなく，すべての教師が児童生徒に接するあらゆる機会をとらえ，あらゆる教育活動の実践のなかに生かし，人格の成長へ援助を図るものである。生徒指導との相違点としては，教育相談は主として個に焦点を当て，面接や演習を通して個の内面の変容を図ろうとするに対して，生徒指導は主に集団に焦点を当てその変容を目指し，結果として個の変容に至るところにある。

　学級担任は，日ごろから児童生徒と同じ場で生活しているので，児童生徒の変化を観察し家庭環境や成績など多くの情報を得ることができる。担任がする教育相談の利点は，小さな問題行動のサインでもいち早く気付き，事案に応じて適切に対応できることにある。その利点を生かすには，①問題を解決する。②問題を未然に防ぐ。③心の発達を促進する。などのスキルが必要となる。

　また，学級担任が，問題行動の早期発見・早期解決を可能にするためには，学校全体で教育相談体制を構築すると同時に家庭や地域の協力，各方面の専門家や専門機関との連携が不可欠である。教育相談の組織づくりは，まず自校の課題を踏まえて目標や組織および運営，相談計画や年間計画などが策定されなければならない。教育相談体制は，スクールカウンセラーやスクールソーシャルワーカーなどの配置によって充実が図られているが，コーディネーター役（教育相談担当教員）が校内体制の連絡・調整に当たることが重要である。さらに教職員全体の資質およびスキル向上には，教育相談の知識と技術の両面に迫るバランスのよい教職員研修が位置づけられている。研修の方法としては，事例研修や集団討議，学校カウンセリングに関するロールプレイ，アセスメント場面の演習などがあり，専門的な内容であってもわかりやすく工夫することである。学級担任が行うプログラム（グループアプローチ）は，構成的グループエンカウンター，ソーシャルスキルトレーニング，アサーショントレーニング，ストレスマネジメント教育，ピア・サポートなどがある。それらの教育

相談で活用できる新たな手法は、児童生徒対象に実施する前に、教員研修でロールプレイングなどにより試行錯誤して実施することが肝要である。

5 不登校

(1) 不登校の現状

不登校は、「何らかの心理的、情緒的、身体的、あるいは社会的要因・背景により、児童生徒が登校しないあるいはしたくともできない状況にあること(ただし、病気や経済的な理由によるものを除く)」と定義されている。児童生徒が不登校になることで、社会的自立の基礎を身につける機会を失うことの影響は大きい。不登校は心因性など本人の抱える問題の要因としてとらえられるが、一方では、学校がそのような児童生徒の変化やニーズに対応できていないとも考えられる。また、不登校の原因が、いじめや暴力行為、非行、学習障害(LD)や広汎性発達障害、児童虐待など家庭問題にあるなど、質や背景も多様化・複雑化している。不登校は特別な状況下で起こるのではなく「どの子にも起こり得る」ととらえなければならない。

(2) 不登校対応の視点

不登校が「どの子にも起こり得る」という状況においては、「心の問題」としてのみとらえるのではその解決に至らない。心の問題が解決しても、不登校の児童生徒一人一人が個性を生かし社会へ参加しつつ充実した人生を過ごすことができるかという視点が残っている。すなわち、「社会的自立に向けて自らの進路を主体的に形成していくための生き方支援」というキャリア教育の考え方が、不登校問題を解決する最終目標である。

学校は、すべての児童生徒が日々の授業や学校生活のなかで「学校に来ることが楽しい」と感じられるような「魅力ある学校づくり」を進めなければならない。不登校の児童生徒にとって居心地のいい学校は、すべての児童生徒にとって居心地がよく、魅力的な学校であると考えられる。そのためには、学校復帰を目指す児童生徒は、親和的な雰囲気で支持的な人間関係のある学級集団の

なかで適応することが望ましい。同時に「不登校を生まない」という不登校の予防・開発的な対応の視点が，学校全体の取り組みとして求められている。

　不登校の原因は多様化・複雑化していることもあり，学校だけの対応に限界がある。連携すべき専門機関は多岐にわたり，ケースによっては積極的に連携し，協力・補完しながら対応しなくてはならない。また，小・中・高等学校間の学校種を超えた連携も深める必要がある。このように不登校の解決に向けて適切に連携ネットワークを活用するという視点である。

　最後は，不登校の児童生徒との関係を丁寧に構築し，見極め（アセスメント）を行い，適切な働きかけを行うという視点である。不登校の原因や背景が多様化しているなか，オールマイティな解決策はない。不登校で悩んでいる児童生徒が，どのような状態にありどのような支援を必要としているのか，見極めることを通して適切にかかわらなければならない。見極めの段階では「不登校のタイプ」「児童生徒のニーズや生活環境」「指導体制と実行計画」など，共通理解と確認が行われる。かかわり方も多様化することが考えられるので，一人で対応するのではなくチームで，組織的に対応することになる。学校は児童生徒や保護者との関係を丁寧に構築することで，児童生徒が主体的に歩みだせるよう支援することが大切である。

（3）不登校対策委員会を中心とした指導体制と取り組み

　学級担任は，まず自分一人で何とかしようと考えがちであるが，不登校の背景は学校全体の場を見たり家庭生活を聞いたりすることではじめてわかることが多い。そのため不登校を学校全体の問題ととらえ，不登校対策委員会を中心とした指導体制を整えることが大切である。校内の連携としては，学級担任，生徒指導主事，教育相談担当（不登校担当），スクールカウンセラー，養護教諭などが中心となって行われる。不登校対策委員会は週に1回は開催し，不登校に関する事実関係や経過を報告するとともに，必要に応じて管理職からの助言をうけることになる。大切なことは，報告だけに終わるのではなく，見極め（アセスメント）をして実践に向けた指導・支援計画を立てることである。校内だけで解決が難しい場合は，学校外の関係機関などと連携しながら対応する

ことになる。家庭に深刻な問題がある場合は，外部機関とのつなぎ役としてスクールソーシャルワーカーと連携することも多くなっている。

　不登校児童生徒の原因や生活環境はそれぞれ異なっており，その支援の在り方も一人一人に応じて行われている。特に直接影響を与える教員は，児童生徒に対する共通理解の姿勢をもち指導にあたらなければならない。場合によっては，不登校対策委員会だけでなく職員会議などで教職員全体の共通理解を図り，一貫した指導・支援に当たる必要がある。そのための方法のひとつとして，不登校児童生徒一人一人について個別の指導・支援記録を作成することも有効である。

（4）不登校の未然防止と初期対応

　不登校対策というと，欠席日数が30日超える前後に不登校対策委員会の報告を受けてから取り組みが始まることがある。いわゆる対症療法的なかかわりであり，前述したように組織的な課題解決として取り組むことになる。しかし，ほとんどの学級担任は，出席日数が30日を超える前から「未然防止」として，気になる児童生徒の環境を整えようとしている。たとえば「すべての児童生徒対象に日々の授業がよくわかるように個に応じた学習を工夫する。」や「学級生活が楽しくなるようなプログラムを特別活動で実施する。」などである。学級担任は，単なる「居場所づくり」にとどまることなく，「絆づくり」を見据えた「授業づくり」「集団づくり」を行い，不登校を生まない学級をつくることを大切にしている。これらは，「不登校の未然防止」として「生徒指導の3つの機能」（図3-1）の「すべての児童生徒に行われる指導」であるともいえる。

　不登校のサインが見えた児童生徒へのかかわりは，早期対応が求められる。たとえば，前年度の出席情報を確認することから始まり，学級編成や学級開きを工夫する。それでも気になる児童生徒や学級に対して「ソーシャルスキルトレーニング」「ピア・サポート」などの対人関係スキルを実施する。また，個別に教育相談を行うなどして，情報交換や進捗状況を報告しながら学年チームで初期対応を行うことになる。

6 いじめ

(1) いじめの理解

　文部科学省は，2006（平成18）年にいじめの定義を「一定の人間関係のある者から，心理的・物理的な攻撃を受けたことにより，精神的苦痛を感じているもの」と変更した。それまでの定義は，「自分より弱いもの……」「一方的に……」「攻撃を継続的に……」「深刻な苦痛……」などの条件がついていた。そのために「該当する行為がどれだけの期間続けば継続的なのか」また「深刻とはどのレベルか」「ひとつでも条件でも満たされないといじめでなくなるのか」など，それぞれの判定が難しいという状況があった。定義の変更により，いじめられる側が精神的・身体的苦痛として認知すればいじめであるとして，児童生徒がいじめとして認知しやすくなった。ただ，いじめは人間関係において優位と劣位の力関係が固定化していたり，攻撃が一過性で終わることなく反復されたりするという指摘があるのも事実である。しかも，「加害者（いじめっ子）」と「被害者（いじめられっ子）」という二者関係で行われるのではなく，「観衆（おもしろがって見ている子）」「傍観者（見て見ぬふりをする子）」を交え，意識的かつ集合的に行われることがある。このようにいじめは4層構造になっているといわれているが，固定化されているわけではない。「加害者」と「被害者」が入れかわったり「観衆」のなかから加害者のグループに加わったりすることもある。被害者は，人間関係に不信感をいだき孤立した状態になっていても，担任に相談するとさらにいじめが陰湿になるのではないかとの恐怖心から助けを求めないケースもある。

(2) いじめの原因と背景

　現在の児童生徒を取り巻く環境は，精神的にも肉体的にもストレスを生みやすい状況にある。「ネット上でのコミュニケーションに一喜一憂する子」「スマートフォンやソーシャルゲームに夢中になる子」「ネット上の目に見えない人間関係に過敏な子」など，IT社会ならではのストレスもある。いじめを発

生させる原因としては次の5つが挙げられる。①心理的ストレス，②集団内の異質な者への嫌悪感情，③ねたみや嫉妬感情，④遊び感覚やふざけ意識，⑤いじめの被害者となることへの回避感情などである。このような感情のはけ口として，いじめなどの問題行動が発生することがある。

(3) いじめの未然防止

　いじめの未然防止は，「いじめはどの学級にも学校にも起こりうる」との認識をもって，教職員が予防的・開発的な取り組みを計画・実施する必要がある。前述したいじめの原因となる状況をつくらないことも大切であるが，児童生徒が認め合い・支え合い・助け合う仲間づくりを通して，「いじめの起こらない学級・学校づくり」を展開することである。そのためには，教職員が児童生徒に対して愛情をもって接し，子どもを中心に据えた温かい学級経営や教育活動を展開することである。このような学級の児童生徒は，自己存在感や自己肯定感を感じる場や機会が多くあり，自尊感情が高まると同時に愛他的行為を展開するようになる。認め合い・支え合い・助け合う学級には，いじめの発生を抑え，未然防止する上での大きな力が内在している。

(4) いじめの早期発見と早期対応

　いじめは早期に発見することが早期の解決につながるが，教職員や大人が気づきにくいところで行われ，潜在化しやすいことを認識しなければならない。教職員が児童生徒の小さなサインや変化を敏感に察知し，いじめを見逃さない認知能力を向上させなければならない。そのためには，児童生徒の気持ちを受容することが大切であり，共感的に気持ちや行動・価値観を理解しようとするカウンセリング・マインドを高めることが必要である。

　早期対応としては，問題を軽視することなく適切な対応を迅速に展開することである。まず被害者の苦痛を取り除くことを最優先し，解決に向けて一人で抱え込まず，学年および学校全体で組織的に対応することが重要である。また，再発に向けて日常的に取り組む実践計画を立て継続的に見守らなければならない。

（5）いじめ対応チーム

　いじめ対応は，校長のリーダーシップのもとに「いじめを根絶する」という強い意志をもって，学校全体で組織的に取り組まなければならない。いじめ対応チームは，校長，教頭，生徒指導担当を中心として，学年主任や養護教諭，スクールカウンセラーなどをメンバーとして構成されるが，学校の規模や実態等に応じて柔軟に対応することが必要である。いじめ対応チーム会議は，定例の開催が望まれるが，緊急対応の事案発生時には緊急いじめ対応会議を開催することになる。いじめ対応チームは，いじめ対策に特化した機動的な役割であり問題解決の中心的な役割を果たすことを明確にし，教職員全員で共通理解を図りながら学校全体で総合的ないじめ対策を実施することになる。

7　問題行動の発生を抑制する開発的（積極的）な生徒指導

　学校のかかえる生徒指導の課題は，前述した「不登校」と「いじめ」だけでなく非行行為，暴力行為，学級崩壊，児童虐待など多岐にわたっている。各学校では，児童生徒の実態についての再確認や研修を通した校内指導体制の見直しの動きもある。ただ，生徒指導の取り組みは，多岐にわたる問題行動や状況把握に追われ，今起きている問題行動への即効性を期待した対応に終始していることが多い。これは，問題に直面している児童生徒が対象になり，問題を解決することに重点をおいた生徒指導である。それも大事であるが，問題行動をなくすためには，すべての児童生徒の健全育成をねらいとした予防的な生徒指導や開発的（積極的）な生徒指導に目を向けることが不可欠になってくる。一人一人の児童生徒が，安心して自分の力を発揮できるような学校にしなければならない。そのためには児童生徒に自己決定の場を多く与え，その場で何が正しいかを判断できるようして，自ら責任をもって行動できる能力を身に付けさせなければならない。教師は，問題行動が起きて対応する対症療法的なかかわりを進めながらも，問題行動を起こさない学校づくりや学級づくりに焦点を当てる必要がある。問題行動を未然に防止するためには，児童生徒にどのような力を培うことが大事か，積極的な生徒指導の意識をもち，具体的なスキルを計

画的に実践することが必要になる。

(1) グループアプローチの効果的な活用

　積極的な生徒指導には，学級内の規律の確立と望ましい人間関係の形成が求められる。児童生徒が親しく互いにふれ合う関係になると共感的な仲間意識が生まれる。積極的な生徒指導として，グループアプローチによる新たな手法が教育現場で実践されている。グループアプローチを適切な時期に計画的に実施することは，学級集団に所属する児童生徒の実態を意識した教育を展開することであり，一人一人の児童生徒の成長を促進することになる。学級経営では，構成されたグループで体験活動させることで気づかせたいことや理解させたいことがある。その目的は，次の3つである。①児童生徒一人一人の成長・発達を観る。②教師と児童生徒及び児童生徒同士のコミュニケーションの発展と改善を図る。③学級集団の開発やよりよい方向へ変化させる。

　グループアプローチを実践した結果，次の5つ項目で成果があらわれると期待されている。

① 体験の機会：日々の学級集団における体験から，今までにない新しい自分ない新しい態度を身につける機会や新規の事柄へ対応する機会が得られる。

② 行動・態度・感情の修正：教師や他の児童生徒からの率直な指摘から，自分の行動や態度および感情を振り返り，適切に修正することができる。

③ 意欲の喚起：児童生徒同士の活発な相互作用のなかで，活力がわいてきたり，新たな行動や考え方をする意欲が喚起されたりする。

④ 意義と方法の獲得：他の児童生徒がよりよい方向に変化するのを見て，新たな行動や考えをする意義と方法を身につけることができる。

⑤ 個人の変容の促進：集団内の共通の情報と集団のメンバーとの協同の経験が，個人の変容の試みを促進してくれる。

(2) さまざまなグループアプローチの手法

① グループエンカウンター：人間関係づくりや相互理解，協力して問題

解決する力を育成する。集団の力を引き出す。
② ピア・サポート活動：児童生徒の社会的なスキルを段階的に育てる。
③ ソーシャルスキルトレーニング：自分の思いや考えを適切に伝える。
④ アサーショントレーニング：対人場面で自分の伝えたいことをしっかり伝えより円滑なかかわりができるための社会的行動を獲得する。
⑤ ストレスマネージメント：さまざまなストレスに対応する対処法を学ぶ。

　教師は，このようなグループアプローチの手法を適切な時期や機会に実施することにより，児童生徒理解を基盤にした受容的な援助と的確な指導をバランスよく柔軟に展開することになる。その結果として，児童相互の人間関係が円滑になるだけでなく，教師と児童生徒の関係も良好になり信頼関係が深まる。そのような状況にある学級や学校は，問題行動を生まない風土や雰囲気が醸成されている。

参考文献
池島徳大（1997）『いじめ解決への教育的支援』日本教育新聞社.
河村茂雄・武蔵由佳（2013）『学級集団づくりエクササイズ』図書文化.
向後礼子・山本智子（2014）『教育相談ワークブック』ミネルヴァ書房.
松田文子・高橋超（2013）『生きる力が育つ生徒指導と進路指導』北大路書房.
文部科学省（2010）『生徒指導提要』教育図書.
文部科学省（2008）『小学校学習指導要領解説　特別活動編』東洋出版社.
八並光俊・國分康孝（2012）『新生徒指導ガイド』図書文化.

（長谷川重和）

第4章

学校における生徒指導

　生徒指導が，学校の教育目標を達成するとともに，その究極の目的である，児童生徒の現在および将来における自己実現を図っていくための「自己指導能力」を育んでいくものとなるためには，学校が組織として計画的に生徒指導を行っていくことが必要である。

　一人一人の教員の指導がどれほど有意義なものであったとしても，そこに，学校全体としての「共通理解」と「連携」がなければ，結果として，「場当たり的な指導」になってしまったり，各指導の間に「齟齬」が生じたりしかねないのである。

　学校において日々生じる種々の問題を速やかに解決し，全ての児童生徒が，充実した学校生活を送ることがきるようにするためにこそ，「生徒指導体制」の確立は，必須である。

　本章では，生徒指導主事（＝生徒指導主任）を中心とした生徒指導体制の在り方を示すとともに，生徒指導の評価と改善の在り方についても，あわせて述べていく。

1　生徒指導体制の基本的な考え方

　『生徒指導提要』は，「生徒指導体制」についての基本的な考え方を，次のように，3点示している。

---

(1) 生徒指導の方針・基準の明確化・具体化
(2) すべての教職員による共通理解・共通実践
(3) 実効性のある組織・運営の在り方

学校が児童生徒一人一人に対して的確な生徒指導を行うためには，まず，第一に，生徒指導の方針・基準に「一貫性」を持たせることが必要である。個々の教師の児童生徒へのアプローチの仕方はさまざまであったとしても，生徒指導の方針や基準において，足並みをそろえることは重要である。各学校における生徒指導に当たっての「方針・基準」の明確化・具体化は，「生徒指導体制」確立の上での第一歩ともいうべきものである。

　第二に，校内の生徒指導の方針・基準を定めたならば，次に，これを一年間の生徒指導計画に盛り込むとともに，すべての教職員に周知徹底し，「共通理解」しておく必要がある。ここでいう「すべての教職員による共通理解」とは，学校教育目標としての「どのような児童生徒を育てるのか」の共有が土台となっていることは言うまでもないことである。学校教育目標の共有を前提として，あらゆる機会に，全教職員が，各学校の「チーム」の一員としての「主体性」をもって，生徒指導の方針・基準の策定（あるいは改善）に対して，積極的にかかわることで，真の意味での「共通理解」が生まれるのである。そして，その結果として，日々の生徒指導を行っていく上での「共通実践」が，形成されるのである。

　第三に，全校挙げての生徒指導を推進するためには，校長のリーダーシップの下，生徒指導主事（小学校では生徒指導主任）等を中心として，全教職員が，それぞれの立場で，その役割を担い，計画的・組織的に取り組むことが必要である。『生徒指導提要』では，生徒指導の実効性のある組織・運営の基本原理を次のように示している。

---

(1) 全教職員の一致協力と役割分担
(2) 学校としての指導方針の明確化
(3) 全ての児童生徒の健全な成長の促進
(4) 問題行動の発生時の迅速かつ毅然とした対応
(5) 生徒指導体制の不断の見直しと適切な評価・改善

　なかでも，(5)の「生徒指導体制の不断の見直しと適切な評価・改善」については，常に，教職員が自らの指導の在り方を自己評価や内部評価を計画的に行

うことによって見直すとともに,児童生徒および保護者,関係機関等の意見や評価を十分に取り入れることが大切である。そして,それらの評価結果,改善案を常に発信し続けることによって,生徒指導体制の「硬直化」を防ぐとともに,その時々の「最善」の生徒指導ができるようになるのである。

2 生徒指導主事(生徒指導主任)を中心とした生徒指導体制の在り方

　一般的には,学校では,図4-1のような生徒指導体制が組織化され,連絡・調整等のキーパーソンとなる存在,すなわち「生徒指導主担当者」の主体的な働きかけが組織の活性化に重要である。中学校高等学校(以下,中学校等)においては,その役割を主に生徒指導主事が担っているが,小学校では,生徒指導主事は現行法制上,必置とされておらず,校務分掌上の生徒指導主任等が学級担任を兼任して当たる場合が多い。

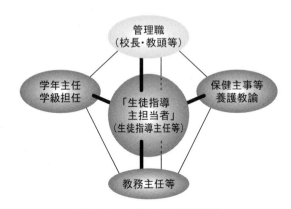

図4-1　一般的な生徒指導体制

　小学校において生徒指導を着実に進める上での基盤は学級にあり,その意味では,学級担任が果たす生徒指導上の役割は大変重要である。一方,中学校等では,「教科担任制」が原則であり,毎時間授業の担当者が変わることになる。
　それぞれの校種には,利点と同時に弱点となりうる課題がある。小学校の場合には,学級担任が一人一人の児童の様子を継続的に把握し,一貫した指導が

図 4-2　生徒指導の実践・評価サイクル
(出所) 国立教育政策研究所生徒指導研究センター (2011).

しやすいという利点がある一方，学級担任の負担が大きく，生徒指導上の問題の「抱え込み」が結果的に解決を遅らせてしまうこともある。また，昨今の「いじめ」や「児童虐待」といった，組織的な対応が必要な場合の「初動」が遅れがちであり，「組織的な対応」につながりにくい点が，課題として挙げられる。

　中学校等の利点としては，多くの教師が，生徒指導に関わる機会が増えることによって，「チーム」による対応が可能になるということである。しかし，また，この利点は，同時に弱点にもつながるのである。学級担任であっても，「教科担任」の一人として接することが多く，意図的に，生徒に接する機会を作らなければ，生徒の様子を把握することが難しい場合がある。

　いずれの校種においても，学校の「生徒指導方針」がしっかりと共有され，生徒指導主事等を中心とした生徒指導体制が確立していることが肝要である。

　国立教育政策研究所生徒指導研究センターは，「生徒指導の役割連携の推進に向けて：『生徒指導主担当者』に求められる具体的な行動〜小学校編〜」

(『中学校編』『高等学校編』もある。以下『生徒指導の役割連携の推進に向けて』）において，各学校での生徒指導を学校全体で行うための新たな枠組み（図4-2）を提示している。

　小学校では，「生徒指導主担当者」の役割を教頭，生徒指導主任等，学年主任，保健主事，養護教諭等が分担して担うことが現実的かつ有効的であるとしているが，実際の学校現場では，教頭や生徒指導主任が当たることになるだろう。中学校等では，文字通り，「生徒指導主事」を中心として，各学年の生徒指導担当がそれぞれの学年の核となって，その役割を担うことになる。

　以下，この3つのサイクルを概観しておく。

(1)（生徒指導主担当者を中心とした）実態把握

　生徒指導は，学校の教育目標を達成する上で重要な機能を果たすものであるから，学校では，年度当初の教育目標を踏まえて，生徒指導の重点事項を明確化するとともに，すべての教職員が共通理解を図る必要がある。その際，児童生徒の実態把握からスタートしないと，重点事項に即して一年間の指導を計画的・組織的に進めることなど不可能である。

　そこで，まずは，「生徒指導主担当者」を核として，教職員全員はもとより家庭や地域など多方面から「A　情報収集」した上で，適切に「B　情報集約」することによって児童生徒の実態を把握することから始めなければならない。このことが，次の（校長を中心とした）方針の明確化へとつながるのである。

(2)（校長を中心とした）方針の明確化

　組織の長である校長には，状況を正確に把握し，適切な判断のもとで明確な方針を示すことが求められる。そのために，「生徒指導主担当者」は，「C　校長・教頭への報告」に努めなければならないし，校長が決定した方針を踏まえて具体的な取組に反映させるための「D　取組計画の策定」を行う必要がある。

(3)（学級担任を中心とした教職員全員での）取り組み

　すべての教職員が共通理解を図り，互いの取り組みに「ズレ」を生じさせな

いようにするため，校長が決定した方針並びに「D 取組計画の策定」の「E 周知徹底」を図ることが重要になる。その後は，すべての教職員がそれぞれの「F 役割連携」意識をもって実際の指導に当たらなければならない。

また，より効果的な指導を行うためには，定期的に「G 点検・検証」を通して指導の改善を図る必要がある。

（4）合意形成

すべての教職員が互いに協力し補完し合うためにもっとも必要なことが「合意」であり，「A 情報収集」から「G 点検・検証」までの手順をたどっていくことで「合意形成」が図られるのである。生徒指導を推進する上で教職員間の指導に「ズレ」がある場合に，著しい後退を招くことになるため，「合意形成」を得ることは大変重要である。

（5）保護者・地域・関係機関との連携・協力

保護者・地域・関係機関との連携・協力をスローガンだけで終わらせないためには，情報の共有が必要となる。そこで，学校は，「保護者」「地域」「関係機関」から情報を収集するだけでなく，学校からの情報提供を積極的に進めなければならない。

3 各学校における生徒指導計画

（1）組織で取り組む生徒指導

学校現場では，よく「絵に描いた餅」と揶揄されるような「○○教育推進計画」なる計画書の類いが，年度当初の会議において提案されることがある。つまり，「計画」があることは誰もが承知しているが，その実現に向けての取組には個人差があり，年度末には形式的な評価が行われるというようなケースである。このような場合，前節の「A 情報収集」から「D 取組計画の策定」までの作業が疎かにされているため，「例年通り」として提案されることになる。

しかし，「いきなり『計画』のみ提示されて『実行』に移ったとしても，児

第4章　学校における生徒指導

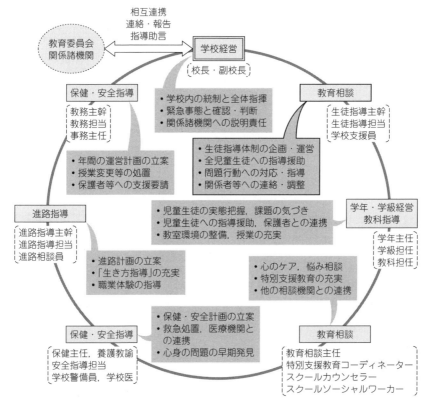

図4-3　生徒指導の学校教育活動における位置付け（生徒指導提要）

童が期待通りの変容に至るかどうか疑問です。それぞれの教室において異なる児童の集団を対象に，異なる教師が異なる授業を進めながら，全体として期待された変容をもたらすには，現在の児童の姿，達成されるべき児童の姿，そこに至る道筋などが，教職員全員にきちんとイメージされていることが不可欠だからです。」（生徒指導リーフ　Leaf.17）というように，一部の担当者だけがこのような過程にかかわるのではなく，すべての教職員が関与できるような体制づくり（図4-3）が求められる。

(2) 生徒指導主担当者の法的役割

　生徒指導主事の法的な位置づけは，学校教育法施行規則第70条1項において

「中学校には，生徒指導主事を置くものとする。」と示されている。

また，同3項に「生徒指導主事は，指導教諭又は教諭をもって，これに充てる。」とあり，4項では「生徒指導主事は，校長の監督を受け，生徒指導に関する事項をつかさどり，当該事項について連絡調整及び指導，助言に当たる。」と身分や業務内容について規定している。

高等学校，支援学校等においても，同104条1項，第135条4項および5項によって，中学校の規定内容を準用することが示されている。

前章でも述べたが，小学校においては，「生徒指導主事」に当たる職の規定はない。同第47条の「必要に応じ，校務を分担する主任等を置くことができる。」という規定を受けて，小学校の校務分掌に生徒指導部及び生徒指導主任等の「生徒指導主担当者」を置いているのである。

(3) 各学校における生徒指導主担当者の役割

小学校の場合，生徒指導主担当者（生活指導主任や生徒指導主任と呼ばれることが多い）が，中学校等と比べて機能しにくいことが指摘され続けている。それは，生徒指導主担当者自身も多くの場合は学級を担任していることに加え，小学校独特の「学級王国」という閉じた意識が大きいためだと考えられる。つまり，第一に，生徒指導主担当者は，自らの学級経営を優先せざるを得ず，他学級や他学年での生徒指導的場面にまで対応する余裕がないのである。第二に，仮に，そのような余裕があったとしても，他学級や他学年の生徒指導上の事例に積極的に介入することを拒むような「学級王国」意識は，今なお小学校には存在していることが挙げられる。これは，「自分の学級は自分で責任をもつ。」という強い責任感の裏返しであるといえ，問題行動の増加と深刻化が進む今日だからこそ，組織で対応しようとする意識改革が喫緊の課題である。

中学校等においては，生徒指導主事が学校全体の生徒指導の要としての役目を担うが，2つの点で，乗り越えなければならない課題が指摘されている。

一つは，小学校の「学級王国」に代わるものともいうべき，いわゆる「学年セクト」の問題である。各学年の学年主任と「生徒指導」担当者が中心となって，日々の各学年での「生徒指導」が行われることになるが，「学年カラー」

というものは必ず存在する。もちろん，それぞれの学年の実情に応じた指導は必要ではあるが，時には，学校全体の『方針』に優先する「ローカルルール」が各学年で決められていたり，学年間の指導の食い違いがあったりすることが，学校全体の生徒指導の「整合性」を失わせることとなり，結果として，それぞれの学年の「がんばり」が，かえって，生徒や保護者の学校不信を生む原因となったりすることもある。生徒指導主事は，各学年間の取り組みの調整を行い，学校全体としての「生徒指導」の在り方を常に追求しなければならない。

　二つ目は，学級担任の「存在感」の希薄さである。学校における生徒指導が，組織としての「チーム対応」を優先するあまり，生徒指導主事や各学年の「生徒指導」担当者の存在感が大きくなり，学級担任が，自分の学級の生徒一人一人と信頼関係を結ぶという点が弱くなりがちになるという点である。

　いずれの場合においても，生徒指導主事が中心となって，全校の生徒指導体制を構築したうえで，個々の事例について「報告・連絡・相談」を密にしながら，「調整」を行いつつ，学校としての「生徒指導」の在り方を追求することが求められているのである。

　いずれの場合も，生徒指導主事が学校内において孤立したり，学級担任や他の教員が基本的な生徒指導の業務まで生徒指導主事に丸投げして，生徒指導の任務から解き放たれたような錯覚を起こしたりすることがないように留意する必要がある。基本的には，①生徒指導事案の当事者である学級担任等が，まず，各事案の情報収集・分析を行うこと，②学年主任等の学年の教員が，学級担任等生徒指導事案の当事者を援助しながら児童生徒及び保護者との折衝を行うこと，③生徒指導主事は，その一連の流れを把握しながら，管理職や関係機関との連絡・調整を図り，問題への組織的対応の要としての役割を果たすこと，等が大切である。

（4）生徒指導主担当者に求められる資質や能力

　生徒指導提要によれば，生徒指導主事（生徒指導主担当者）には次のような資質・能力が求められている。

　　① 生徒指導の意義や課題に対する十分な理解と他教員や児童生徒からの

信頼。

② 学校教育全般を見通す視野や識見と生徒指導に必要な知識や技能とともに，向上を目指す努力と研鑽。

③ 生徒指導上必要な資料の提示や情報交換によって，全教員の意識を高め，共通理解を図り，全教員が意欲的な取組に向かうようにする指導性。

④ 学校や地域の実態を把握し，それらを生かした指導計画を立てるとともに，創意・工夫に満ちた，優れた指導性。

⑤ 変貌する社会の変化や児童生徒の揺れ動く心や心理を的確に把握し，それを具体的な指導の場で活かしていく態度。

　これらの資質・能力は，実は，生徒指導主事にだけ必要な資質・能力ではない。各学校の「生徒指導体制」を確立するためには，一人一人が，チームの一員として，生徒指導の意義や課題を十分に理解し，互いに，信頼と尊敬の念をもって，協働していくことが大切である。また，各教師が場当たり的な指導にならないためにも，学校教育全般を見渡す視野や識見も必要である。以下，それぞれの項目においても同様である。生徒指導主事のリーダーシップはもちろん必要であるが，同時に他の教師たちによるフォロワーシップもまた重要になってくるのである。

4　生徒指導の評価と改善

(1) 生徒指導と学校評価

　今日では，学校が保護者や地域住民の信頼に応えて説明責任を果たし，相互補完的に連携協力して，一体となって教育活動を推進していくためには，学校の教育活動など学校運営の状況について学校評価を実施し，その結果を公表するとともに，保護者や地域住民に対する積極的な情報提供が求められている。

　文部科学省「学校評価ガイドライン〔改訂〕」（2008年1月）では，学校評価を実施する意義について，「学校の裁量が拡大し，自主性・自律性が高まる上で，その教育活動等の成果を検証し，必要な支援・改善を行うことにより，児童生徒がよりよい教育活動等を享受できるよう学校運営の改善と発展を目指し，

表4-1　あきた型学校評価システムとの関連

生徒指導の実践・評価サイクル	あきた型学校評価システム	PDCAサイクル
A 情報収集	① 現　状	Research（R）
B 情報集約		
C 校長・教頭への報告		
D 取組計画の策定	② 重点目標	Plan（P）
E 周知徹底	③ 具体的な目標	
F 役割連携	④ 目標達成のための方策	Do（D）
	⑤ 具体的な取組	
G 点検・検証	⑥ 達成状況	Check（C）
	⑦ 自己評価	
	⑧ 学校関係者評価と意見	
	⑨ 自己評価及び学校関係者評価に基づいた改善策	Action（A）

（出所）秋田県教育委員会（2008）．

教育の水準の向上と保証を図ることが重要である。また，学校運営の質に対する保護者等の関心が高まる中で，学校が適切に説明責任を果たすとともに，学校の状況に関する共通理解を持つことにより相互の連携協力の促進が図られることが期待される。」と述べている。また，学校評価については，

　① 各学校の教職員が行う評価　　　　　　　　　　　　　【自己評価】
　② 保護者，地域住民等の学校関係者などにより構成された評価委員会等が，自己評価の結果について評価することを基本として行う評価

【学校関係者評価】
　③ 学校と直接関係を有しない専門家等による客観的な評価【第三者評価】
の3つの実施方法により行うこととし，特に自己評価を，学校評価の最も基本となるものとして位置付けている。

　昨今，学力日本一と話題の秋田県では，「あきた型学校評価システム」を構築し，「学校・家庭・地域が一体となった学校づくり」を推進している。図4-4は，小学校での生徒指導における学校評価の試行例であるが，本章第1節で取り上げた生徒指導の実践・評価サイクルの流れやPDCAサイクルを端的に整理・評価できるように工夫されている（表4-1）。

学校評価シート

①	評価領域	生徒指導	

②	重点目標	「住みよい学校」の実現	P
③	現状	昨年度の保護者アンケートによると、「いじめのない学校の取り組み」については、「十分」・「おおむね十分」の合計が７８．７％であった。「いじめ」については、本校では陰湿ないじめはないものの、細かなトラブルは、まま見られる。 また、今年度は不登校１名であるので、子どもにとって「住みよい学校」にするためにも、その解消を目指す。	P
④	具体的な目標	今年度も保護者アンケートを実施し、「いじめのない学校の取り組み」については、「十分」・「おおむね十分」の合計を８０％台にアップさせる。 また、不登校を０名にする。	P
⑤	目標達成のための方策	・道徳の授業を中心とした「思いやりの心」・「開かれた心」の育成。 ・子どもの悩みなどを把握するための個人面談や連絡帳、「ぬくもりアンケート」等を活用した情報の収集と迅速で適切な対応。 ・保護者やカウンセラー、総合教育センター等の関係機関との連携と、保健室からの情報による不登校への対応と解消。	P
⑥	具体的な取組状況	・学級担任による道徳の研究授業を年１回実施。 ・保護者との個人面談の年２回実施、毎日の家庭からの連絡帳の内容確認と迅速な対応、「ぬくもりアンケート」の分析。 ・連続して３日休んだ子どもとその保護者への適切な助言と対応。	D
⑦	達成状況	・保健室等からの情報をもとに、休みがちな子どもや学級集団になじめない子どもへの対応をきめ細かく行い、６月１１日より不登校が０名になった。 ・保護者アンケートの「いじめのない学校の取り組み」については８７．１％であった。	D
⑧	自己評価	（評価）A ／ （根拠）計画していた取り組みを実行し、保護者アンケートにおいても目標とする数値を大幅に超えており、落ち着いた生活ができている。	C
	評価基準	A：具体的な活動がなされ目標を達成できた　B：具体的な活動はなされているが、目標は達成できていない C：具体的な活動がなされておらず、目標も達成できていない	
⑨	学校関係者評価と意見	（評価）A ／ （意見） ・生徒指導上いろいろな問題もあると思うが、指導の仕方なり方法なりを共通認識して指導に当たっている。教師・家庭・保護者に学校の方針を具現化して理解を図っているから子どもの評価が保護者に伝わっていると思われる。 ・東小程度の規模であればトラブルなどがありがちであるが、東小では教師と子どもたちに一体感があり、教師と子どもたちがうまくいっていると感じている。	C
⑩	自己評価及び学校関係者評価に基づいた改善策	最近の経済状況の悪化に伴い、子どもの家庭環境に大きな影響が出てきており、そのような変化に対応していくことが重要である。 教師は大人として子どもに対応し、子どものＳＯＳをアンテナを高くしてつかむことができるよう、その体制の整備を一層図っていく。	A

図 4-4　あきた型学校評価システム試行例（生徒指導）

（出所）秋田県教育委員会（2008）．

表4-2　評価項目例

```
集団の一員としてよりよい学校づくりに取り組ませているか。
① ペア学年など異学年交流の場を通して成就感を味わわせているか。
② 学級の問題をみんなで考え話し合って解決する指導がなされているか。
③ 清掃の仕方や用具の使い方を指導し学校美化の意識を育てているか。
④ 公共物を大切にする心を育てているか。
```

（2）評価の方法

　学校評価を円滑に行うためには，まず，生徒指導部内での自己評価を基に進めることになる。生徒指導部内で評価を行うに当たっては，表4-2のような具体的な評価項目について，児童生徒のアンケートや教職員の観察結果などを参考に，児童生徒がいかに変容したかを見据えて評価することが大切になる。

　生徒指導部内での評価を校内で十分に検討した後，保護者や地域住民などの学校関係者により構成された評価委員会で，学校の自己評価の結果について吟味することになる。さらに，学校と直接関係しない専門家による客観的な第三者評価に委ねると評価の信頼性が増す。なお，問題行動への対応など緊急を要することについては，保護者への緊急アンケートなど，機に応じた随時評価をすることが求められる。

　なお，学校現場では，「評価」という表現があまりにも日常的であるため，「評価」することが目的化してしまったり，「評価」して終わりという考えに陥ってしまわないように留意する必要がある。

　つまり，「評価」したことが次の取り組みの新たな目標として反映されて初めて，真のサイクルとして機能するということを忘れてはならない。

5　生徒指導「事例」研究

　では，ここまで学んだことを生かしながら，次の事例を通して，学校における「生徒指導体制」の在り方について考えてみることにしよう。事例は，あくまでフィクションであるが，学校現場では，起こりがちな「問題事例」を創作してみた。この事例から，どんなことが考えられるであろうか？

【学校における生徒指導体制について考えるための事例】
　4月以来，その中学校では，男子生徒数名が，各クラスから授業中に抜け出して，校舎の裏にたむろするということが何度かあった。
　梅雨の時期に入り，その回数がだんだんと目立ってきたため，空き時間の教師を中心に校内巡回をするようになった。
　やがて，7月になると，男子生徒たちは，教師が注意しても，だんだんと教室に入るのをしぶるようになり，教室へ帰ると，私語をしたり，立ち歩いたりして，なかなか席に着かず，授業の妨げになるような行為を続けるようになった。他の生徒も集中力をなくし，私語が増大した。その頃から，ルールを守らない生徒が増大した。上靴のまま，校舎内と運動場を行き来する生徒が増えだした。集会等でも騒がしいなど，全体的に指導が入りにくくなってきた。また，学校で禁止されている携帯電話の所持が目立ってきた。廊下等では，菓子類の包みが落ちていることが多くなった。指導の在り方の見直しが職員会議で提案され，これまであいまいだったルールをもう一度見直し，指導を徹底することとなった。しかし，急な指導方針の変更と各教員の指導基準がバラバラであったため，そのことに対して，生徒が不満を訴えるようになった。
　ある日，男子生徒の携帯電話の着信音が鳴り響いたので，その時間の教科を担当している教師が，取り上げようとして，その生徒と口論となった。やがて，興奮した生徒が担当教諭につかみかかるような事態となった。当該生徒が騒いでいる声を聞きつけた他のクラスの生徒たちが駆け付け，あっという間に大きな騒ぎとなってしまった。

　まず，この事例の問題点を整理してみよう。同時多発的にいろんな問題が発生しているようにみえるが，いくつかの段階に分けて考えることでみえてくることがあるはずである。

① 問題「萌芽」の段階

4月以来，その中学校では，男子生徒数名が，各クラスから**授業中に抜け出して，校舎の裏にたむろするということが何度かあった。**①

② 問題「潜伏」の段階

梅雨の時期に入り，その回数がだんだんと目立ってきた②ため，**空き時間の教師を中**

心に校内巡回をする③ようになった。

　①②の段階において，どのような「生徒指導」上の問題点があったといえるだろうか？

　生徒の「問題行動」として考えられることは何だろうか？現象面として考えられるのは，いわゆる「授業さぼり」（＝授業のエスケープ）である。しかし，一部の生徒の問題行動であるため，大きな問題とはとらえられないことが多い。「萌芽」と名付けたのはそのためであるが，実は，生徒の，そうした問題行動は，同時に，「SOS」の信号であることが多い。その生徒たちにとっては，すでに問題は起こっているのである。叱りつけて教室に入れるだけの対応でよかったのだろうか？

　また，この事例の場合，4月から，梅雨の時期（6月）まで，授業さぼりを見かけたら，その都度注意して教室に入れていたようであるが，特に，その後の具体的な生徒達への働きかけをしていたとはいえない。指導すれば，それに従うという段階なので，見過ごされてきたのだろう。ここでは，こうした「いたちごっこ」的な段階を問題「潜伏」の段階と名付けることにする。

　まず，この場合，「生徒の状況を把握する」ということが重要である。生徒指導主事等の特定の教師だけでは，時間と場所にも限りがある。全教職員が，日常的に積極的なコミュニケーションを取り合い，適宜校内巡回等を行いながら，生徒の状況を把握し，情報交換と共に，よりよい対応の在り方を考えていく必要があったのではないだろうか。

　前掲の『生徒指導の役割連携の推進に向けて』の「中学校編」で示されている「情報収集」の留意点では，以下の3点が示されている。

① 生徒同士の行動の様子や会話に注意して見聞きする。
② 生徒に積極的に声かけをして，寄り添う姿勢を示す。
③ 教職員に積極的に情報提供する。

　しかし，こうした初期段階において，十分な対応が取れなかった場合には，さらに，問題が悪化し，指導が困難な状況になっていくことも予想される。

③ 問題「顕在」の段階

> やがて，7月になると，男子生徒たちは，**教師が注意しても，だんだんと教室に入るのをしぶるようになり**④，教室へ帰ると，私語をしたり，立ち歩いたりして，なかなか席に着かず，**授業の妨げになるような行為を続けるようになった。**⑤**他の生徒も集中力をなくし，私語が増大した。**⑥

④ 問題「拡散」の段階

> その頃から，**ルールを守らない生徒が増大した。**⑦上靴のまま，校舎内と運動場を行き来する生徒が増えだした。集会等でも騒がしいなど，全体的に指導が入りにくくなってきた。また，学校で禁止されている携帯電話の所持が目立ってきた。廊下等では，菓子類の包みが落ちていることが多くなった。**指導の在り方の見直しが職員会議で提案され，これまであいまいだったルールをもう一度見直し，指導を徹底することとなった。**⑧しかし，**急な指導方針の変更と各教員の指導基準がバラバラであった**⑨ため，そのことに対して，**生徒が不満を訴えるようになった。**⑩

　これまでの，一部生徒の問題行動が「常態化」してくると，それに影響を受けて，他の生徒の前向きな気持ちも減退してくるようになる。また，「指導の徹底」を図るためとはいえ，急な方針の変更や「厳罰化」は，生徒の健全な「規範意識」を育てることにはつながらず，むしろ，「不公平」感や自分たちの思いを理解してくれないといった「不平・不満」につながってしまうことになりがちである。そうした，不満が，やがて大きな事件につながるのである。

⑤ 問題「重篤化」の段階

> ある日，男子生徒の携帯電話の着信音が鳴り響いたので，その時間の教科を担当している教師が，取り上げようとして，その**生徒と口論となった。**やがて，興奮した**生徒が担当教諭につかみかかるような事態となった。**⑪当該生徒が騒いでいる声を聞きつけた**他のクラスの生徒たちが駆け付け，あっという間に大きな騒ぎとなってしまった。**⑫

　「生徒会活動」などの生徒主体の「学校づくり・学級づくり」の活動を支援することで，生徒のなかに，自分たちが学校生活の担い手であるという意識を

醸成するのである。「叱る－叱られる」の関係が常態化することは，生徒の教師に対する不信感が増大することにつながる。大きな事件発生の裏には，その問題の「萌芽」の段階から，顕在化し，重篤化していくプロセスがあるのである。

　ここで，この事例において，必要と考えられる対応をそれぞれの課題に即してまとめるならば，以下のようなものが考えられる。

① 「授業を抜け出す」という問題行動に対する対応

> (1) **事前の指導（未然防止）**
> 　日常的な校内巡回。廊下での指導・声掛け。約束事，ルールの確認。
> (2) **事後の指導（再発防止＆前向きな取り組み）**
> 　学習が遅れがちな生徒へのケア。担任等による教育相談。保護者への連絡。
> 　授業改善。全体指導。生徒主体の活動の支援。等

② 指導体制の点検・見直し

> (1) **「報告・連絡・相談」の徹底**
> 　日常的な教職員間のコミュニケーション，定期的な情報交換の場の設定
> 　収取すべき情報の基準や内容の明確化→生徒指導主事の集約→情報の管理
> (2) **生徒指導体制の点検・改善**
> 　全教員の「共通理解」（＝誰もが同じ指導を）と指導の徹底。
> (3) **学級担任以外の活用**
> 　保健室（養護教諭），スクールカウンセラー等との連携。
> 　必要な時には警察や児童相談所にも通告・相談。

③ 個々の教師に求められる対応

> (1) **「個人」への指導**
> 　学習困難な生徒に対する「学び」に向かうための指導。悩みの相談。
> 　毅然とした指導（ダメなものはダメ）。保護者の理解を得る。

(2)「学級集団」への指導
　崩れない集団づくり。居場所・出番のある学級づくり。
(3)「進路」指導
　将来への夢や希望を醸成し，前向きな学校生活を送るための指導。

④ 対教師暴力等「危機的状況」に対する対応

(1) 日常的なルールの指導
　日頃からの生徒との「信頼関係」作り。毅然とした指導。
　学級等の「集団」作り。（みんなで決めたルールをみんなで守る）
(2) 対教師暴力の際の対応
　「暴力」を絶対に許さない指導。（教師も「体罰」しない）
　当該生徒のケア（落ち着かせる等），指導，見守り。
　「複数」又は「チーム」による生徒指導。
(3) 関係機関等との連携
　保護者への連絡，連携。必要に応じて，児童相談所・警察等への通告。

　学校において日々生じる種々の問題を速やかに解決し，全ての児童生徒が，充実した学校生活を送ることがきるようにするためにこそ，「生徒指導体制」の確立は，必須である。生徒指導主事（＝生徒指導主任）を中心とした生徒指導体制を，常に評価し，日々改善していくことこそが，求められているのである。

参考文献
国立教育政策研究所生徒指導・進路指導研究センター（2011）「生徒指導の役割連携の推進に向けて：『生徒指導主担当者』に求められる具体的な行動〜小学校編〜」．
国立教育政策研究所生徒指導進路指導研究センター（2015）「生徒指導リーフ Leaf. 17：PDCAのPは，単なる『計画』か？」．
文部科学省（2008）『小学校学習指導要領』東京書籍．
文部科学省（2008）「学校評価ガイドライン〔改訂〕」．
秋田県教育委員会（2008）「平成20年度『あきた型学校評価』試行版（小学校）」．

（杉中康平・福本義久）

第5章

生徒理解のための
さまざまな方法と技術

　生徒理解は，教師の力量として必要不可欠な能力であり，生徒指導，学級経営の基盤となる。生徒理解ができてこそ，生徒指導・学級経営が成立するといっても過言ではない。学校には，いじめ，不登校，非行など，さまざまな問題を抱えている子どもがいるが，彼らに対する表面的な理解ではなく，本質的な理解が効果的な対応となる。
　本章では，いじめ問題を生徒理解の視点から分析し，効果的な対応方法を示す。また，チーム支援としての生徒理解，問題事例を通して生徒理解のポイントを習得する。学校では，子どもの発達段階特有の心理的特性，個人と集団の力動性・葛藤などを踏まえての対応が必要である。具体的で実践的な生徒理解の方法と技術を提示する。

1 学校心理学モデル

　「もう，モグラ叩きの生徒指導は，止めませんか？」対処療法の生徒指導から脱却し，予防・開発的な生徒指導を展開する必要がある。石隈（1999）は，『学校心理学――教師・スクールカウンセラー・保護者のチーム支援による心理教育的援助サービス』を刊行し，学校心理学を紹介することで生徒指導・教育相談・特別支援教育の進むべき方向性を示した。これを通し，1次支援〜3次支援の概念（図5-1），チーム支援，コンサルテーションなどの実践が広く普及したと考えられる。
　これらの理論背景には，アメリカの学校心理学が土台にあり，カウンセリングを学ぶ教員，教育相談担当者，スクールカウンセラーには非常に活用されて

図 5-1　3 段階の援助サービス，その対象，および問題の例
（出所）　石隈（1999）．

いった。

　しかし，日本とアメリカは，学校制度，学校文化も異なる。アメリカでの生徒指導は，スクールカウンセラー，スクールサイコロジストに任せる傾向があるが，日本の教師は，教科指導，学級担任，教育相談など，教育の全領域を担当しながら生徒指導を行っている。それらの違いを踏まえて，日本の学校教育の特性を生かした，下記のような包括的支援モデルを提案している。

2　包括的学校支援モデルの提案

　日本の学校教育の特性を生かした包括的学校支援モデル（図 5-2）の提案をしたい（金山 2006）。水準・対象・方略の 3 つの次元からなる円錐形の図があるが，図全体を砂時計，砂を生徒に見立て，生徒が上から落ちてこないように，1 次から 3 次の支援を行う。1 次支援は，学校の全教育活動で全児童生徒に対して予防的に実施する。ここでいう教育活動は，数学や体育のように各教科の狭い領域ではなく，行事・HR・道徳・総合的な学習の時間・生徒会児童会活

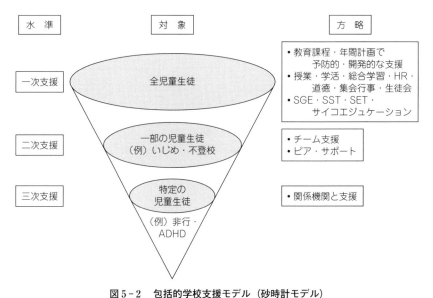

図5-2　包括的学校支援モデル（砂時計モデル）
(出所)　金山 (2006).

動・係活動・集会の在り方までを含む全教育活動で，全児童生徒の支援・援助・サービスを展開していく。そこでは，構成的グループエンカウンター (Structured Group Encounter：以下，SGE)・サイコエジュケーション・ソーシャルスキルトレーニング（以下，SST），社会性と情動の学習プログラム (Social and Emotional Learning：以下，SEL) などのプログラムも効果的に実施する。砂時計モデルでは，十分な1次支援をしていても，1次支援から漏れてくる生徒には，2次支援で対応する。2次支援では，いじめ，不登校などさまざまな問題に対して，教師のチーム支援と子どもの力を生かしたピア・サポートで対応する。

　2次支援をしても，さらに漏れてくる生徒には，関係機関と連携した3次支援が必要である。関係機関は，警察・児童相談所・裁判所・病院・大学・福祉機関をはじめ，あらゆる機関を対象とする。このように，全児童生徒が必ず対象となる支援体制が包括的学校支援モデルである（図5-2）。

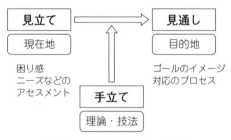

図5-3　見立て・見通し・手立て
(出所)　今西（2012）．

3　生徒理解とアセスメント

　今西（2012）は，生徒理解と生徒指導の構造を，〈見立て〉〈見通し〉〈手立て〉とまとめた（図5-3）。子どもは不登校，非行，いじめ，発達障害，学力等の問題ばかりでなく，さまざまな課題を抱えている。生徒理解とは，第一に生徒の状況を的確に見立てること，つまりアセスメントである。

　アセスメントとは，生徒の生育歴の要因，家族要因，学校要因，本人の精神的要因など多面的に生徒を理解することである。

　教師は子どもの困り感をアセスメントし，早期発見，早期対応が必要である。「子どもの抱えている困り感をどのように見るか」「問題はどこにあると考えるか」「どのような状態になればいいと考えるか」「そのためには，いつ，どこで，だれが，だれに，何を伝えるか，何をするか，どのように動くか」を関係教員のチーム支援で見立てる。

　チーム支援では，学級担任，学年主任，生徒指導担当，教育相談担当，養護教諭，部活動顧問などが参加するが，教員が把握している情報は異なる。これらの情報を共有化することにより，的確な生徒理解ができるのである。必要に応じて，校長，教頭，スクールカウンセラー，関係機関も含めたチーム支援会議を実施する。

4 効果的なチーム支援会議の進め方

　チーム支援会議では，学級担任や情報をもつ教員が事例報告を行い，情報の共有化を目指す。情報収集では，英語の授業時だけ保健室に行く，月曜日に欠席が多いなどは，不登校になる可能性がある。生徒の欠席・遅刻・早退や保健室利用時の時間割の把握，部活動顧問，音楽や体育など座学以外の教科からの情報収集で，総合的に生徒理解をする。

　参加者から学習状況，交友関係，家庭環境など，さまざまな質問を受け，該当生徒の情報が共有化され，わかっている情報とわからない情報の整理ができる。整理された情報を基に，該当生徒の見立てをし，事例分析の仮説検討を行う。

　この仮説検討は，チーム支援会議を重ねていくことにより，該当生徒の事例の理解が深まってくるため，初めのうちは流動的でもよい。大まかな流れとしては，まず当面の見通しを立て，次回のチーム支援会議までの支援方針と役割分担を決め，いつ，どこでだれが，何をするのか役割分担し，それらを記録しておく。そして次回のチーム支援会議の時間・場所の確認をして次につなげていく。

　最近は，教員人事で，若い教員が大幅に増加しているが，彼らは生徒指導の経験が少なく，生徒理解の方法・技術も持ち合わせていない場合もある。そこでチーム支援会議を生徒指導の伝承の場としてとらえ，敢えて記録係として参加させることも必要である。

5 いじめ問題への生徒理解

（1）教師は，生徒理解ができているのか

　生徒理解は，生徒指導の土台である。いじめは，なぜ，なくならないのか？教師が，生徒の心に寄り添い一人一人との信頼関係が構築され，生徒理解ができていれば，いじめ問題はここまで大きくならなかったであろう。しかし現実

表5-1　平成26年度　いじめ発見のきっかけ

	いじめ認知件数	いじめ発見のきっかけ（保護者・地域等は省略）						
		学級担任が発見	学級担任以外が発見	養護教諭が発見	スクールカウンセラーが発見	アンケート調査など	本人からの訴え	児童生徒（本人除く）からの情報
小学校	122,721件	12.5%	1.2%	0.3%	0.1%	55.5%	14.8%	2.7%
中学校	52,969件	11.8%	4.6%	0.7%	0.7%	39.5%	22.6%	4.5%
高　校	11,404件	8.2%	3.8%	0.8%	0.3%	55.1%	18.9%	3.8%

（出所）　文部科学省（2015）「児童生徒の問題行動等生徒指導上の諸問題に関する調査」．

　では，教師の生徒理解が不十分なために，長年，いじめが解決できていないといえる。鹿川裕史君（1986年），大河内清輝君（1994年）のいじめ自殺の教訓を生かせず，大津市のいじめ（2011年）では，教育委員会の対応を含めて大きな社会問題となった。岩手県では，子どもが教師にいじめられていると，生活記録ノートに書いていたにも関わらず，対応を怠り子どもは自殺した（2015年）。このようにいじめによる自殺は，全国各地で頻繁に発生している。

　なぜ，教師は，いじめを気づかず，気づいても的確な対応ができないのか。1996年，文部省（当時）は「児童生徒のいじめ等に関するアンケート調査」（児童生徒の問題行動等に関する調査研究協力者会議）を公表した。「担任が，いじめに気づかない割合」は，小学校4割，中学校3割，高校7割。「保護者が，いじめに気づかない割合」は，小・中学校6割，高校8割と報告されている。

　小学生なら，「〇〇ちゃんに，いじめられた～」といえるが，中学生・高校生ともなると，自尊心が働き，いじめられている自分を隠すようにあるため，周囲が気づきにくくなる。しかし，それを差し引いてもこの数字は，教師があまりにも子どもたちをみていないともいえる。教師は，日常的な生徒とのかかわりのなかで，生徒理解を深めることを求められている。

　文部科学省（2015）の児童生徒の問題行動等生徒指導上の諸問題に関する調査（表5-1）ではいじめ発見のきっかけで「学級担任が発見」する割合は，小学校12.5%，中学校11.8%，高校8.2%となっている。この数字は，担任が子どもを十分にみていない結果であり，生徒理解が不足しているといえる。「友

表5-2　学級担任がいじめの訴えに対応した結果

	小学校	中学校
① いじめられなくなった	47.6%	43.9%
② よけいに，ひどくいじめられた	1.7%	2.6%
③ 前と同じように，続いている	23.2%	25.6%
④ こっそりいじめられるようになった	16.0%	14.7%
②〜④の合計	40.9%	42.9%

(出所)　文部省（1996）「児童生徒のいじめ等に関するアンケート調査」．

達からの情報」も小〜高校まで5％を下回っており，子どもたち同士がつながっていないことを示しているため，学級経営では，人間関係づくりのプログラムを実施する必要がある。

　一方，いじめの発見のきっかけは，アンケート調査が一番多く，小学校55.5％，中学校39.5％，高校55.1％となり，有効であることが示された。アンケート調査実施における配慮事項としては，「いじめられた人，いじめを見た人は，アンケートに記入してください」では，周りの目があり子どもはアンケートに記入することはできない。いじめに対する道徳授業などの学習があり，その感想記入といじめのアンケートが一体化している場合は，全員の子どもが記入することができる。生徒理解のツールとしてアンケート調査は極めて有効であり，包括的支援モデルの1次支援として位置づける必要がある。

(2) 生徒指導の型を習得する

　「児童生徒のいじめ等の関するアンケート調査」（文部省 1996）では，担任がいじめの訴えに対応した結果から，担任のいじめの指導が機能していないことがわかる。いじめが解決したのは，小学校，中学校ともに50％を下回っており（表5-2），教師のいじめ指導に対して，子どもからの信頼がなくなると予想された。一方，森田ら（1996）によると，いじめを受けている子どもたちは，「いじめを止めてほしい人」に「友達（59.9％）」「学級担任（29.5％）」を挙げており，友達と学級担任は，支援対象者として重要な役割にもかかわらず機能していない状態といえる。

　著者は長年，中学校で生徒指導を担当してきたが，生徒指導ができる教師は，

指導方法の型ができていると感じる。また，生徒指導が落ち着いている学校は，生徒指導の型を継承していく学校風土がある。運動競技や茶道・華道には基礎基本の型があるが，生徒指導においても型が習得できていない教師・学校は，何度も同じ失敗を繰り返すのである。教員経験者による実践報告や著作を確認しても，効果的ないじめ対応は，ほぼ同じ型になっている。

ここでは，堀（2011）の生徒指導の型に加筆して述べる。下記はいじめの対応例であるが，通常の生徒指導でも同じである。

① **関係するすべての生徒を個別に分け，複数の教員により同時に事実確認する**

　加害者が3人いた場合なら，3人を個別に指導する。

　3人のなかでも序列があり，主犯格で暴力や金品の強要する者，2番手で言葉いじめをする者，3番手でいつもいじめの場にはいるが，被害者をトイレなどに呼んでくる，いわゆるパシリ係の者などさまざまである。

② **いつ，どこで，だれが，何をしたのかを確認し，食い違いがある場合は徹底して確認する**

　嘘や隠し事はゆるさないという姿勢が必要である。

　確認の日時がずれるとLINE・メールなどで情報共有され，問題事例の全体像が明らかにできなくなるため，関係する生徒全員に対し，同時に確認を行う必要がある。

③ **全体像が明らかになったら，関係する生徒を集めて全体像を確認し，その後指導に入る**

　事実確認中に指導を入れると，生徒が状況を話さなくなり全体像が把握できなくなるため，全体像の確認が終了してから指導に入る必要がある。

④ **再度，関係する生徒を個別に分けて教育相談をし，今後の見通しをもたせる**

　加害者自身が，家庭の問題，成育歴の課題などを背負っている場合があるため丁寧な教育相談が必要である。この時に，どれだけ生徒の心をつかめるかが大切である。まずは，担任の「心配している」というメッセージが伝わることが肝要である。

⑤ **生徒を学校から帰宅させる際は，被害者から帰宅させる**

　一斉に帰宅させると，下校途中で問題が発生する場合がある。

⑥ **生徒が帰宅する前に保護者に電話連絡を入れ，指導内容の報告と家庭訪問の打ち合わせをする**

　生徒指導の内容を保護者に伝えるように指導しても，生徒は自分の都合のいいように伝え，2次的問題につながる場合があるため，家庭への連絡は家庭訪問が望ましい。

　高校の場合は広域であるために，家庭訪問ができない場合があるが，可能な限り必要である。

　保護者に電話連絡した際，電話が通じなかった場合は何時に何回，電話したのかを記録しておくと，その後のクレーム対応に役立つ。

⑦ **指導した記録をまとめ，必要に応じて教育委員会，警察などの関係機関と連携する**

　関係機関と連携する生徒指導の流れは，加害者に善悪の区別・責任感を学ばせる機会となり，被害者にも安心感を与える。

⑧ **指導後，一定の時間が経過した時に，関係する生徒を集めて再度状況の確認をする**

　加害者3人は個別に指導し，いじめを繰り返していないか確認する。被害者にも同様に確認する。同時に，教育相談も実施し学校生活の適応を目指す。

6　学級経営と生徒理解

（1）学級経営といじめ，学力の関係

　学級の状態をアセスメントできるQ-U（Questionnaire-Utilities）の開発者である，河村（2007）は，学級経営といじめ，学力の関係を明らかにした（図5-4，図5-5）。学級経営には，子どもたちがうちのクラスは楽しいなと感じている「満足度型学級」，教師が中心となり指導する「管理型学級」，教師と子どもが友達のような関係である「なれあい型学級」がある。「満足型学級」は，

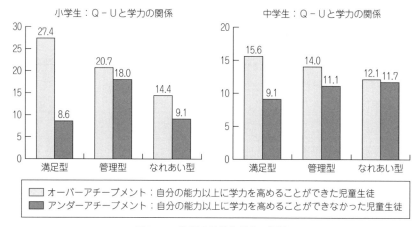

図5-4　Q-Uの結果と学力の関係

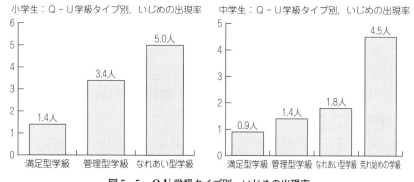

図5-5　Q-U学級タイプ別，いじめの出現率

(出所)　河村（2007）.

小・中学校ともに学力も向上し，いじめの出現率も低いが，「なれあい型学級」は小・中学校ともに学力も伸びず，いじめの出現率が高い。「なれあい型学級」をつくる教師は，いじめを発見する力が低いというデータもある。では「満足度型学級」とは，どんな学級なのか。それは「学級にルールがあり，リレーションのある学級」である。

ルールは生徒指導上の問題行動だけを意味するものではなく，「掃除当番，給食当番，日直当番のルールが徹底されている」「昼休みに使用できる学級用

のボールを，みんなが公平に使っている」など，日常の学校生活に安心感があるかどうかである。リレーションは学級に友達がいるか，先生との信頼関係があるかどうかである。このようにいじめによる不登校，学力低下の問題は，学級経営が大きく関与しているため，教師は自分の学級の状態をアセスメントすることが肝要である。

（2）スクールカーストと生徒理解

　堀（2011）は，スクールカーストとは，別名（学級内ステイタス）と呼ばれ，学級内（あるいは学年内）の子どもたち個々のステイタスだという。40人学級であれば，リーダー，サブリーダー，人気者，いわゆる普通の子，非行傾向のある子，孤立している子などさまざまなステイタスがある。つまり，子どもたち同士が捉えている，学級内における子どもの地位である。教師は，このスクールカーストの把握することが肝要である。

　学級崩壊や学級が荒れるのは，学級の問題行動を起こす生徒ばかりに教師の注意が向き，いわゆる中間的な生徒が，ネガティブなグループの雰囲気に流された場合に起こりやすい。母集団の状況で学級の状態が変化するのである。よって，教師は，中間的なグループをポジディブなグループ側に賛同させる学級経営が求められる。生徒理解には，学級の力動性を把握することが必要である。

7　生徒理解のためのポイント

（1）「手のかからない子」の生徒理解は，まずは行動観察

　著者が中学生の担任をしていた時，通知表を書く際に「この子，通知表のコメントに書くことがない」と困ってしまい，「もっとしっかり，この子を見ておくべきだった」と後悔したことがある。一人一人の生徒を理解しているつもりになっていたのである。このように，「手のかかる子」は，対応する時間も回数も多いため常に観察し，逆に「手のかからない子」は観察できていないことがあるが，手のかからない生徒も，意図的に観察してみる必要がある。そうすることで，今まで仲がいいと思われていた友達と一緒に行動していないこと

に気づいたり，移動教室へ一人で移動していることがわかったりする。こうした発見があった場合，教師から「最近の調子はどうかな？」と何気ない一言をかけることが重要である。生徒に「先生は，私のことを気にかけてくれている」と感じてもらい，信頼関係を築くことで生徒が抱えているトラブルに早期発見につながり，早期対応することができる。

（2）生徒理解は，人間関係の把握である

　教師は学級内のトラブル，いじめ，不登校，非行，人間関係の把握による生徒理解が肝要である。学級のグループで，「昨日までは仲がよかったのに，今日はまったく話をしていない」などは，グループ内でトラブルがあったと思われる。自分の学級に友達がいないため「休み時間になるとすぐに隣の学級に行こうとする子」「上級生または下級生の階に行こうとする子」などは，問題を抱えている可能性が高い。非行グループ，他校生，卒業生との交友関係や，出身小学校，塾，習い事の情報も必要である。学級内に居場所がない生徒は，外に居場所を求める傾向があり，問題行動が起きやすい。最近では，SNSで見知らぬ人たちとも連絡をとるため，生徒たちの人間関係は予想以上に複雑で広域である。トラブルに巻き込まれる前に，生徒たちの人間関係の把握し，抱えている課題を早期に把握することが生徒理解である。的確な生徒理解があるからこそ，効果的な生徒指導ができるのである。

（3）校内研修会による生徒理解

　4月には，転勤などで教師の構成や生徒指導や教育相談の担当者も変わる。入学式前は生徒理解の土台作りとしての校内研修会が必要である。各学校の生徒指導，教育相談，特別支援教育の支援体制の確認を，転勤してきた新しい仲間に，また再確認の意味で全教師に実施していく。

　たとえば，服装指導一つをとっても，「○○先生は，いいって言っていたのに」となっては，生徒指導のラインが混乱し，生徒が不信感をもつ。指導のラインは統一されていなければならない。指導方法は教師のパーソナリティに応じて，それぞれの持ち味があっていいと考える。

（4） Q‐U，アセスで，子どもをアセスメントする

　前述したQ‐Uでは，学校生活意欲と学級満足度がわかり，学級経営のための有効な資料が得られ，学級診断アセスメントとして活用できる。アセス（学校環境適応感尺度）は，学校適応感理論をもとに，大きく「生活満足感」「学習的適応」「対人的適応」の３つの観点から学校適応感をとらえる。

　これらアセスメントツールでは，SOSを出している子どもを早期に発見できる。学年会，生徒指導部会やチーム支援会議で，「いつ，どこで，だれが，どんな支援をするのか」を決め，次回の打ち合わせで，どのような変化があったのかを確認することが効果的な活用方法である。

8 問題事例による生徒理解

【事例】
　中学生のA男は，授業をさぼり喫煙し深夜徘徊を繰り返していた。学級担任は，個別指導を中心に熱心に対応をしていたが，A男の問題行動は次第にエスカレートしていった。学校では非行グループを作り，喫煙でたびたび補導された。その時には反省しているように見えるが，またすぐに問題行動を繰り返す。家庭環境は，両親は離婚し，母親と２人で生活している。

　的確な生徒理解（アセスメント・見立て）をして，それに対応する理論・技法を用いて，ゴールのイメージをもつことが肝要である。

（1） 非行生徒の理解とディスプレー

　非行生徒は，「ディスプレー」をすると考えた方がいい。ディスプレーとは生態学視点であり，たとえばチンパンジーが仲間に自分の力を見せつけるための行動で，走り回ったり，木を倒したり，石を投げたり，大声を出したりすることである。リーダーとしての確固たる地位を築くための威嚇行動であり，ケンカをせずに力関係を決定する手段でもある。

　A男の場合も髪型，服装で目立とうとし，自分の存在を誇示していた。教師にわざと反抗したり，暴言を吐いたり，机を蹴ったりする行動も「ディスプ

レー」である。ディスプレーはエスカレートしていく。教師へ反抗することによって，問題行動を起こすグループ内での価値・地位を高めるのである。

　このような生徒の場合，多くの生徒が見ている前とか，職員室での注意は効果がない。ディスプレーが働き，教師の注意に対して，さらに反抗的にならざるを得なくなるため，教育相談室などを利用する。他の生徒には，なんらかの形でＡ男が別室で注意を受けているという雰囲気は伝わるようにし，「やっぱりＡ男も注意を受けているんだ」と認識させることが，ダブルスタンダードの防止として重要である。ダブルスタンダードとは，Ａ男と他の生徒に対する２つの指導基準があることで，Ａ男が教師から特別扱いをされると，他の生徒から不満が出て，教師との信頼関係が崩れる原因となる。

　思春期は，性と攻撃衝動に突き上げられ，体ごと変化していく時期である。攻撃性は，生態学的にプログラムされた行動パターンである。これを抑圧するのは難しく，抑圧すべきものではないが，コントロールの仕方を学ばせ，攻撃行動・非行行動として発動しないようにする教育は必要である。

（２）〈行動〉と〈感情〉の両方にアプローチする

　Ａ男は，「タバコは吸っていない。何の証拠があるのか」「万引きもしていない。誰がそんなことを言ったんだ」と強硬に言い張っていた。このような場面では，どんなによい促しをしても，Ａ男は受け止めることができない。喫煙や万引きの指導では，事実の確認の前に，Ａ男の感情の部分に焦点を当てる必要がある。問題行動の事実確認ばかりに固守せず，「最近のＡ男のことを心配していたんだ。学校も休みがちだし，勉強も投げ出してきているだろう。先生は，何か心配事や悩みがあって，ついタバコに手を出してしまったと思っているんだ」と，教師の想いも伝えた。「最近，家で何かあったかい？」と聞くと，Ａ男は「家が面白くないから，タバコを吸った」と小声で言った。

（３）〈気持ち〉わかるが，〈行動〉は認めない

　Ａ男の家庭は複雑で，父親は暴力的で，母親はそれが嫌で，家出をしてしまったという。「お父さんが暴力的なのはお父さんが悪い」「お母さんが，家出をいた

のは、お母さんが悪い」「親のことで面白くないことがあったのはわかったよ。でも、A男が、授業をサボるのは。A男が悪い」と、責任を区別する。〈気持ち〉はわかるが〈行動〉は認めない。「A男のことが大切なんだよ。だから、注意をするんだよ」と、促していく。

（4）生き方の促すアプローチをする

　納得と説得は違う。教師がどんなに熱心に説論しても、A男が納得しなければ意味がない。教師は、生徒を納得させる技をもたなければならない。生き方を促すアプローチとは、これまでの行動パターンの誤りに気を付かせ、新しい生き方を促すことである。これは、生徒が受け入れられるレベルであり、心にゆれ動きが起こるようなものでなければならない。現実から逃げない生き方や、夢や希望をもって生きることの大切さを教えることである。自らの過ち、失敗を乗り越える経験をさせることで、A男の成長を促していく必要がある。「失敗してもいい。でも、同じ失敗はしない」「我慢は人間を成長させる」というポジティブなメッセージも伝えていく。

（5）教師の日常が勝負を決める

　「先生が相談に乗るよ」といくらA男に言っても、A男が「この先生に相談したい」と思わなければ関係は成立しない。

　教師としての態度、教科指導、休み時間での生徒との接し方に至るまで、生徒は教師を観察している。教師のもつ生徒観や考え方を、生徒は敏感に感じ取っている。問題を抱えるA男は、特に研ぎ澄まされた感覚で「この先生は俺のことを本気で考えてくれているか、否か」を判別している。もうこの時点でA男と教師の対話が成立するかどうかが決定している。

（6）自己肯定感を高めるアプローチ

　問題を抱えている子どもは、自己肯定感の低い生徒が多い。A男も、家庭では褒めてもらうこともないため、学校で教師に暴言を吐いたりして自分の存在感を示していた。自己肯定感を高めるために必要なのは、教師や親の声かけで

ある。教師が，ほんの小さな変化にも気づき，「A男，今日の授業態度よかったよ」「掃除当番，頑張ったね」と，小さな変化を言語化して伝えていく。教師の言葉は，心のビタミン剤となる。

　教育活動を通して小さな成功体験を味わわせ，〈結果〉〈努力〉〈能力〉の3つを褒めていくことも効果的である。日常の学校生活で，自己表出場面を設定し，社会的承認欲求を満たしていけるようになるのである。自己表出場面は，授業・係活動・行事・部活動などで，A男の特性を生かして設定するのである。

（7）教師はあたたかい雰囲気を醸し出す

　言葉を媒体とするコミュニケーションが成立しなくても生徒があたたかいと感じられる雰囲気を教師が伝えていくことが必要である。それはあたたかい視線でも表情でもよい。どこかほっとして気持ちが安らぎ，しかもユーモアの感覚があればよい。教師がその場を楽しめなくては，生徒の心を解放することは難しい。言語的・非言語的メッセージを教師が受け取り，理解し発見する過程を通して，理解される喜びや安心によって関係はさらに深まる。

（8）問題解決を第一に考え過ぎない

　生徒を一人の人間として正面から向き合い，その子のもつ自尊心の尊重を心がけながら，教師が生徒の潜在能力，可能性を発見することが大切である。問題解決を第一に考えすぎず，悩むことや自分自身を見つめる時間を保証し，生徒がサインを出すのを待つのではなく，積極的にサインを探す努力が必要である。

　非言語的コミュニケーションのチャンネルを多く持ち，そのサインを受け止めてくれる教師には，生徒は安心感を抱き，自己開示しやすい傾向がある。そのため教師は，感性を曇らせない努力と，知性と感性を常に自己研鑽することが求められている。

（9）情報のクロス化

　同じ学年の教師が，A男に「担任は，A男のことを，とても心配していたよ。

本当にA男のことが大切なんだよ。昨日も職員室で，A男がサッカーがうまいと言っていたよ」とポジティブなメッセージを伝えていく。教師の価値を高めていくことによって，A男と担任の信頼関係を再構築する作業を行った。一方的にしか教師を理解していない生徒に，別の情報を入れること，（情報のクロス化）で，生徒の認知に変化が生じるのである。

9 問題行動を発達課題としてとらえる

　心を育てるとは，人格的に成長することである。困難な現実に直面しても，現実と対峙できる自分になれるということである。生徒は，直面する問題，課題をしっかり受け止め，向き合うことにより，たくましい心を育てていくことができる。思春期の子どもたちは，自己とは何かを求めるために，行動化（acting out）を起こすといっても過言ではない。適応の準備をするための問題行動なのである。内面的処理の仕方，葛藤の仕方，悩み方がわかっていないだけなのである。問題の処理の仕方がわかっていれば，ストレスは軽減できるが，それができないために，問題行動を起こすのである。

　我々教師は，生徒理解ができてこそ，人を育てることができる。生徒の失敗や挫折体験こそ，人生の発達課題と捉え直す，余裕が必要である。

参考文献

堀裕嗣（2011）『生徒指導10の原理・100の原則――気になる子にも指導が通る110のメソッド』学事出版.

石隈利紀（1999）『学校心理学－教師・スクールカウンセラー・保護者のチーム支援による心理教育的援助サービス』誠信書房.

河村茂雄（2007）『データが語る①学校の課題』図書文化.

宮田敬一編，金山健一ほか（2006）『軽度発達障害へのブリーフセラピー－効果的な特別支援教育の構築のために』金剛出版.

文部省（1996）『児童生徒のいじめ等に関するアンケート調査』（児童生徒の問題行動等に関する調査研究協力者会議）.

森田洋司・滝充・秦政春・星野周弘・若井彌一編著（1996）『日本のいじめ－予防・

対応に生かすデータ集』金子書房.
大野精一編,今西一仁ほか（2012）『教育相談コーディネーター育成（復興教育リーダー育成）』日本学校心理士会.

（金山健一）

第6章

生徒指導における学級経営および地域・家庭との連携

　本章では，前半では生徒指導における学級経営について，学級を集合から集団にするための学級づくりや教師と児童生徒との人間関係，児童生徒を理解するための手法について考えていく。後半では生徒指導における地域・家庭との連携について，連携の必要性や開発的・予防的生徒指導に活かすための地域・家庭との連携について具体的な事例を挙げて述べていく。また，連携が難しい保護者との連携について，その保護者の抱える心理とカウンセリング的な関わり方について述べていく。学級担任が一年間にわたり学級経営を行っていくうえでは，児童生徒との信頼関係だけでなく，保護者や地域を学級の味方として巻き込んで学級経営を行うことが大切である。本章はそのヒントとなるものを生徒指導の視点からまとめていく。

1　学級経営とは

　学級経営について，学習指導要領の総則（平成20年3月）配慮すべき事項の中に「日ごろから学級経営の充実を図り，教師と児童の信頼関係及び児童相互の好ましい人間関係を育てるとともに児童理解を深め，生徒指導の充実を図ること」と定めている。これは，学級経営の法的な位置づけを示すものであり，生徒指導の側面から，学級経営について触れている。したがって，担任教師は学級経営を行うために，一人一人の児童生徒との信頼関係を築くこと，児童生徒間の人間関係を育むための取り組みを行いながら，学級集団を育てていくことが求められる。児童生徒だけでは，学級集団を作ることはできない。学級経

の具体的な内容はどのようなものだろうか。教師がいかに働きかけを行い，日々丁寧に学級をつくり上げていくかが学級づくりの要になる。高橋（2002）は次の5点を挙げる。(1)児童生徒の適切な理解，(2)望ましい学級集団・生活集団の育成，(3)物理的環境の整備や備品，資料等の管理，(4)学級にかかわる事務的な実務，(5)家庭や地域との連絡・協力，である。その学級経営に欠かせないのが生徒指導である。学級集団をつくる上で，日々の教育活動のなかに生徒指導の三機能である①児童生徒に自己存在感を与えること，②共感的な人間関係を育成すること，③自己決定の場を与え自己の可能性の開発を援助すること（文部科学省 2008）を常に意識しながら学級づくりを行うことが重要である。生徒指導場面だけでなく，授業場面においても，生徒指導の三機能が求められることを，学級担任だけでなく教科担任としても忘れてはならない。

2 学級集団と学級担任の役割

(1) 児童生徒とのかかわり

　新年度が始まる4月には，新しい学級編成が行われ，同一学年で男子・女子の区別をせずに学級編成が行われる。新年度前には，学級編成をめぐり職員会議が開催され，担任教員の指導負担や学力，これまでの問題行動を含めて検討される。4月のクラス分けの掲示等で，児童生徒は自分の所属する学級集団を把握する。この時点では，意図的に編成された集団（制度集団）であり，同じところに所属する所属集団にとどまるが，学級担任の学級経営によって，学級は準拠集団へ移行するのである。有村（2011）は，準拠集団化への営みを図6-1のように示している。

　新学期が始まった頃には，学習活動を行うことを目的に編成された集団は，前学年からの継続する関係を除いて，教室に集められた集合でしかない。集合から集団へ学級を変化させるには，学級担任によるさまざまな仕掛けが必要である。児童生徒一人一人との信頼関係の構築から始まり，児童生徒が一日のほとんどを過ごす教室を学習環境として整備する。また，児童生徒間のより良い人間関係を構築するための構成的グループエンカウンターの取り組み等を行い，

第6章　生徒指導における学級経営および地域・家庭との連携

図6-1　準拠集団化の営み
(出所) 有村 (2011).

丁寧に学級集団を育てる必要がある。チームとしての学級を機能させるために，意図的に仕掛けを行う。係・当番活動の割り当てなども，学級の一員として責任をもって役割を果たす場を設定することも一つである。

　4月当初には，児童生徒との信頼関係を構築するために，名前の読み方を間違えないなど児童生徒の顔と名前を一致させて覚えることから始まる。「先生が自分のことを覚えてくれている」というのは，児童生徒の教室への居場所感につながる。また，教員が自分自身の趣味などを含めた自己開示を行うことで，児童生徒が自己との共通点を見つけて関わる動機づけにもつながる。さらに，児童生徒の人間関係においても同じである。児童生徒間の人間関係を構築するために，自己紹介ゲームや他己紹介，共通点探しなどの構成的グループエンカウンターを導入する。氷を溶かすという意味のアイスブレイク的な役割を果たしてくれる。教室掲示として，自己紹介カードの掲示もそれにあたる。4月の最初の児童生徒との関係作りがとても重要である。

　みなさんが，小中学校の頃の4月に後ろの掲示板に何が書かれていましたか？　学級通信には何が書かれていましたか？　それは，生徒指導の視点からの学級づくりの第一段階で行う仕掛けであることを理解してほしい。つまり，学級担任の役割は，生徒指導の三機能の「児童生徒に自己存在感を与えること」を意識し，児童生徒にかかわることと「共感的な人間関係を育成すること」の下準備を丁寧に行うことである。それらを具現化したものが，先に述べた教師の仕掛けである。これをマズロー (Maslow 1954) の5段階欲求階層説に当てはめて考えてみると，1段目の「生理学的欲求」は，家庭において満た

される衣食住を指し，2段目「安全の欲求」から5段目「自己実現の欲求」は学校・学級内で満たされる欲求である。「安全の欲求」では，学級は危険な場所ではなく，安心や安全な場所であることを認識できれば，次の「所属と愛の欲求」の友人や学級の仲間とかかわり学級に所属する喜びを得るものである。そして「尊敬の欲求」は，学級において自己存在を認められ，自分の活躍する場所や役割があることである。最上位の「自己実現の欲求」は，自分のもっている能力を最大限に発揮し，人の役に立ちたいと思う気持ちである。改めて考えてみたい学級担任として，児童生徒の居場所である学級は安全・安心な環境なのかどうか，認めてくれる友達や仲間がいるかどうか，もっている力を発揮できる場や役割があるかどうか，学級や学校のために役に立ちたいと積極的に行動しているだろうか。一年間の学級経営のなかで，一人一人に向き合って，欲求を満たすことができているかどうかを確認しながら進めていく必要がある。

（2）児童生徒の保護者とのかかわり

　近年はモンスターペアレントという表現により，その難しさを表すこともあるが，保護者も最初から無理難題を押し付けるモンスターペアレントではない。何かしら些細なことによって，担任と学校との関係性がこじれた状態になったものである。保護者との信頼関係を構築するには，学級経営の大切な要素である。そのためには，4月当初は学級経営の指針を示す目標等に加え，担任教師の自己紹介を兼ねた自己開示を学級通信等で行うことは大変重要である。年間を通して，保護者に直接的にかかわる回数はそんなに多くないだけに，学級通信や家庭への電話連絡，連絡帳等のノートのやり取り等は，丁寧に行うことを忘れてはいけない。昨今，若い先生方と話をしていると，自宅へ電話をかけた経験がほとんどなく，どのように児童生徒の自宅に電話をしたらよいかと悩むことがあるという。携帯電話に慣れた世代だからこその悩みかもしれない。児童生徒のことを電話で伝える時は，相手の姿が見えないだけに，保護者の思いや受け止め方まで確認することは難しい。電話のルールも含めて，学校内で一定のルールを決めて慎重に対応する必要があることを忘れてはならない。保護者も学級経営の大きな味方であることを，常に意識して対応していく必要がある。

3 児童生徒を理解する

　生徒指導において，児童生徒を理解することは大変重要であるが，児童生徒側は，教師側が児童生徒を理解しようと努めていることをどれだけわかってくれているだろうか。担任の先生は自分のことを理解してくれている，つらい時や悲しいときに気付いてくれると思ってくれる児童生徒は，学級のなかにどれくらいいるだろうか。児童生徒を理解することは，一方通行ではなく，双方向でなければ，本当の理解につながらないことを覚えておきたい。

　児童生徒を理解するには，多面的な方法で理解しなければならないことと，学級担任だけでなく，学年団やその他の教職員の複数で確認する必要がある。児童生徒を理解する方法は複数あるが，本書では生徒指導の視点から，「児童生徒を見ること（＝観察法）」の観点を述べていく。

　児童生徒を見る視点の一つは，「日常の些細な非言語メッセージのサイン」を受け取ることである。朝の登校時に，表情や衣服の状態を確認することから始まり，休憩時間や給食時間，掃除時間の様子・態度の確認，帰りの会，部活動へ行く様子など，児童生徒の心理的な情動の変化は，表情や姿勢，衣服の状態を含めた児童生徒の身体から非言語メッセージに表出されることが多い。たとえば，朝から目を合わさずに寂しそうな表情をし，休憩時間も友人と関わることなく一人でいる場合も，人間関係の一つのサインである。また，制服も，洗濯しないまま何日も着用している場合，虐待等のサインの可能性や家庭環境の大変さを示すサインでもある。つまり，非言語メッセージからは，学級集団や親しい友人関係との関係性，家庭での生活状況，虐待等のサインなど複数の情報を読み取ることができる。二つ目は，「いつもと違うサイン」を受け取ることである。児童生徒は些細な出来事で，変化することが多く，以前の様子と違うという教員の勘が，非常に重要である。登校時間が早くなった／遅くなった，休憩時間にいつもと違う友達と一緒に遊んでいる，給食を残す，連絡帳や生活ノートのコメント・提出状況など，以前と違う様子を示すこともサインである。この些細なサインを決して見逃してはならない。三つ目は，児童生徒と

他の児童生徒との相互作用時の関係性を見ることである。児童生徒は，教師に対する態度と他の児童生徒に対する態度とは異なることがほとんどであるゆえに，関係性を確認することが大切である。朝の登校時に教室に入った時に挨拶をしているかどうか，授業中のグループ活動時の様子，休憩時間に誰と一緒に遊んでいるか，移動教室の時の様子などに気を配り見ていくことが重要である。不登校やいじめの初期段階は教員の目には届きにくくわかりにくいといわれている。教員は児童生徒からのサインだけでなく他の児童生徒との相互作用の様子を確認し，いつもと違うという違和感を感じることが大切である。覚える違和感からすぐに対処でき，早期解決に至ることも少なくない。最後に，複数の目で児童生徒を見ることである。学級担任は校内で児童生徒にかかわっている時間が一番多く，かかわりが深いことが盲点になっていることもある。「あの児童生徒なら大丈夫だろう」とこれまでの基準から勝手に判断したり，「あの児童生徒は，これが苦手だから難しいだろう」と色メガネで見てしまうなどしてしまう危険性をはらんでいる。児童生徒の些細な変化も，この盲点から見逃しやすいことも多いことから，教科担当の先生や学年団，養護教諭など校内の教職員の複数で児童生徒を見ることが重要である。

　児童生徒は，担任の先生に自分のことをわかってほしいと願っている。困っている時は何も言わずに助けてくれる，いつも自分のことを気にしてくれているという期待をもっている。「この先生なら，（自分のことを）わかってくれる」と思う気持ちが，児童生徒と教師の人間関係を構築する基になることから，サインを受け取ると同時に，受け取ったことを伝えることも重要である。「大丈夫？」の一言も，理解を受け取り，教員側からの介入の好機になることも多い。学級の児童生徒の一番の専門家は，教員であることを常に意識し，発する些細な言葉にならないメッセージを受け取るという児童生徒理解と受け取ったメッセージをきちんと伝えることを理解しておく必要がある。また，教員自身の目に加えて，様子がおかしいと思った児童生徒の変化については，校内の他の教員と連携して情報収集を行うことも忘れてはならない。

　最後に，児童生徒理解を深めることは，生徒指導の視点からも大変重要であり，教員側は児童生徒理解に努めている。その一方で，児童生徒は教員のこと

をどのように理解しているだろうか。児童生徒がもつ教師に対するイメージを教師認知と呼ぶ。4月から3〜4ヵ月が経過した2学期頃には，児童生徒達は自分の学級担任は，こんな性格でこんな人であるととらえ接してくる。「うちの担任は○○だから」と小学校高学年くらいからは平気で口にする。この情報はどこから集めてくるのだろうかと考えてみると，教員の服装や児童生徒への対応，宿題・課題を提出した後の対応，連絡ノート・生活ノートへのコメントやサインなど，こちらが毎日行っていることのなかで感じたことから形成しているようだ。教員側は全く気にも留めていないことばかりである。敢えていうと子どもたちは教員をよく見抜いているのだ。この児童生徒が理解している教師像についても理解に努めることが大切であるとともに，教員に対する言動や行動に意識を配る必要があるのではないだろうか。

4 学級経営とアセスメント

　近年，いじめや不登校，学級崩壊など学級内においてさまざまな課題が生じている。その課題を未然に防ぐために学級の人間関係や児童生徒の学習・学級への適応状況を把握するためのアセスメントツールを取り入れる学校が増えている。学級担任との人間関係と児童生徒間の人間関係，学級適応について，年2回程度測定し，それを学級経営に活かす形成的な評価ツールとして用いる。学級担任がすべての児童生徒の人間関係や学級に対する思いなどを把握することは大変難しい。担任に見せる顔と友達同士の間で見せる顔は異なることと，学級に対しても何らかの嫌悪感や不安感をもっていることもあることから，アセスメントツール等を用いて，児童生徒がどう感じているか・考えているかをとらえ組織として検討する必要がある。学級適応等を測るアセスメントとしては，学校環境適応感尺度「アセス」等がある。

　学校環境適応感「アセス」は，個人と環境との主観的な関係性を児童生徒の主観である適応感を測定するもので，「生活満足感」「教師サポート」「友人サポート」「非侵害的関係」「向社会的スキル」「学習的適応」の6因子で構成される。特徴は「本人の主観的な適応感，とりわけSOSのサインを出している

子のピックアップに敏感である」(栗原・井上 2010) とし, 学級のなかでのしんどさや困難さを表出することができ, 具体的にどの側面において抱えているかも明らかになる。このようなアセスメントを学校単位で継続して測定することは, 児童生徒の経年変化を理解することにもつながることから, 単発的に個人的に測定することは好ましくない。集めた児童生徒の情報については, 個人情報を保護することを常に意識しておく。保管場所や教員間での共有についても細心の注意を払う必要があり, 成績ではないから大丈夫という考え方は通用しない。

5 予防的・開発的生徒指導と学級経営

生徒指導の新しい流れとして, 予防的・開発的生徒指導がある。『生徒指導提要』において初めて公式的に使用された。ここでは, 学級担任が行う予防的・開発的生徒指導について述べていく。

(1) 予防的生徒指導

予防とは何らかの問題が発生する前に把握し, 問題が顕在化する前または問題が軽いうちに対応する (栗原 2002) ことであり, 学級の児童生徒全員がその対象になる。いま児童生徒を取り巻く環境は以前に増して厳しくなっている。昨日までは大丈夫だったけど, 自宅に帰ったら家庭環境が変わっていたという事例も少なくない, 何かしらの困難さを抱えながら学校へ通う児童生徒も少なくない。また, 児童生徒間の人間関係も, LINE等のSNSのやりとりで一瞬にして, 亀裂が入ることもある。学級担任ができる予防的生徒指導とは, 児童生徒に教員自身から積極的にかかわることである。積極的にかかわるとは, 児童生徒を気にかけて声をかけることやちょっとした変化に気づくこと, 校内で出会った時に話しかけるなど, あなたのことを気にかけていますよというメッセージを送り続けることでもある。また, 連絡ノートや生活ノートを丁寧に確認し, 必ずコメントを添えることも大切である。このノートのやりとりは, 教員と児童生徒の心のやりとりでもあり, 「先生はわかってくれる, 認めてくれ

る」という心の支えにもつながり，自分の思いや気持ちを学級担任に吐き出す場になり，早い段階でリスクサインを見つけ対処することが可能になり物事が大きくなる前に予防することができる。さらに，学級通信等を利用して，児童生徒の些細な努力やふんばりをきちんと評価することも大切である。先生はいつも私を気にかけて見ていてくれる，私のことを理解してくれて褒めてくれる存在であると認識し，信頼感につながっていく。日常の学校生活のなかには，このように予防的生徒指導を行うチャンスはたくさんある。それに気づくか，気づかないかで学級経営は大きく左右されるともいえる。

(2) 開発的生徒指導

予防的生徒指導では，学級担任と児童生徒の人間関係を中心に述べてきたが，その関係だけに頼る時代は終わった。これからの生徒指導は，児童生徒同士の人間関係を育み，友達が困っているときやつらいときに気づき，その友達をサポート（ピアサポート）することができる学級集団づくりを目指す像である。そのために，児童生徒一人一人の社会性を育むためのソーシャルスキルトレーニングと呼ばれる人間関係づくりを目的としたトレーニングが開発的生徒指導として導入されつつある。スキルと名前があるように，学習スキルと同じように獲得しなければ身につかないという考えの基に実践されている。児童生徒の人間関係は自然にできるものではなくなってきており，敢えて人間関係づくりを学級経営に入れなければ円滑な人間関係を育みにくいのである。しかし，トレーニングメニューがあるので，外部の専門家にばかり頼りすぎてはいけない。学級担任である教員が，児童生徒のコミュニケーションモデルになるような姿勢で児童生徒にかかわっていくことが大切である。そのモデルの模倣をしながら児童生徒は日常的なやりとりを実際に体験し使っていき，スキルを自分のものにしていく。

教員が学級内の児童生徒にサポートを提供することによって，そのサポートは児童生徒のモデルになり，模倣が起こり，その先生のサポートする力を自分の力に汎化する。まとめてみると，教員のもつソーシャルスキルやサポート力というのは，直接的に児童生徒に影響を及ぼすだけでなく，児童生徒の獲得す

るスキルになり，周りの児童生徒に影響を及ぼしていく。この点も意識して，学級経営にあたる必要があるのではないだろうか。

6　生徒指導と授業づくり

　2014（平成26）年に「新しい時代にふさわしい高大接続の実現に向けた高等学校教育，大学教育，大学入学者選抜の一体的改革について」（答申）のなかにアクティブ・ラーニングという用語が使われている。アクティブ・ラーニングとは，「学生が主体性を持って多様な人々と協力して問題を発見し解を見だしていく能動的学修」と定義される。小中学校においても，いまや学習形態のキーワードとして導入が進んでいる。元々，小中学校においては，話し合い学習と呼ばれる学習形態がある。話し合い学習の形態の一つに協同学習があり，小中学校において導入が進んできており，この学習の特徴は，「同時学習」である。関田・上條（2012）によると，同時学習とは学力を育てると同時に学力以外の要素である「対人関係スキル（チームビルディング，ソーシャルスキル）」や「学習スキル（知識構築や思考スキル）」も同時に学習することができる。一斉授業では身に付けることが難しい対人関係スキルを授業のなかで，磨くことができるのだ。先に述べたソーシャルスキルを授業の話し合いのなかで，繰り返し使っていくことでスキルは伸びていく。従来は，生徒指導と教科指導は切り離して考えられ，授業のなかの生徒指導というのはピンとこなかったが，これからの生徒指導は授業のなかにおいて，望ましい人間関係を築くために意識して教員が取り組む必要があるのではないだろうか。とりわけ，児童生徒間の望ましい人間関係を構築するためには，学校の教育活動のなかで，部分的ではなく全体的にそして体系的に行わなければ，今生じている生徒指導上の課題解決は難しいと考える。

参考文献
有村久春（2011）『カウンセリング感覚のある学級経営ハンドブック』金子書房．
栗原慎二（2002）『新しい学校教育相談の在り方と進め方』ほんの森出版．

栗原慎二・井上弥（2010）『アセスの使い方・活かし方』ほんの森出版.
関田一彦・上條晴夫編（2012）『協同学習で授業を変える！』学事出版.
高橋超（2002）『生きる力が育つ　生徒指導と進路指導』北大路書房.
文部科学省（2000）『生徒指導提要』教育図書.
Maslow, A. H. (1954) *Motivation and Personality*, New York, NY: Harper & Bros.
　（小口忠彦監訳（1971）『人間性の心理学』産業能率短期大学出版部.）

（杉田郁代）

7　地域・家族との連携の必要性

　子どもは家庭・地域・社会・学校といったさまざまな環境のなかで成長する。しかし，子どもを取り巻く環境は近年さまざまな変化がみられ，一昔前とは様相を異にしている。たとえば，家庭環境の変化としては，女性の社会進出の増加や少子化，離婚率の増加等が挙げられる。こうした背景変化に伴ってか，平成25年度の児童相談所の児童虐待相談対応件数は7万3,765件と，過去最高の数値を記録している。また，地域社会では子どもの群れの消失や遊びの変質といったことが挙げられ，インターネットや携帯電話の普及による人間関係の希薄化等も指摘されている。このような現状から考えると，子どもが「育ちにくい」現実があるといってもよいだろう。以前は子どもの社会性や価値観はひとりでに身に付くと考えられていた。かつて，子どもは利害関係のない第三者との関係のなかでさまざまなことを学んでいたからである。たとえば，空き地で遊んでいるときにもめごとが起これば，ちょっと年上のお兄さんお姉さんが仲裁してくれる，ボールをとばしてガラスをわれば頑固オヤジにどなられる，親に怒られて外でしょげていたら，近所のおばさんがなぐさめてくれる……誰もがこうした場面をイメージすることは難しくないだろう。このような利害関係のない第三者との関係を「ナナメの関係」というが，今ではこうしたナナメの関係が圧倒的に減少してしまっている。さらにいえば，ゲーム機を介した遊び方やインターネット，携帯電話の普及等により，子ども同士の人間関係は以前に比べ見えにくい側面があることもまた，事実である。目の前でもめていれば，

介入できる機会もあろうが,画面上でもめていることはそこに参加している者達にしか把握できない。

このように現在の環境ではナナメの関係のなかで子ども達が多様な関係性を経験したり,対人関係スキルを自然に学びとったりする場が減少しており,社会性や価値観が身に付きにくい。このような現状の打破に向けて,文部科学省は学校に地域の力を利用して「ナナメの関係」を作ることや,地域が学校の運営に深く関わることのできる地域運営学校(コミュニティスクール)の設置を推進している。海外(たとえばアメリカ)の公立学校ではこのようなコミュニティスクールがむしろ一般的であり,予算や人事,カリキュラムの策定まで広く関わり,まさに「地域ぐるみで」子どもの教育を行っている。

ここで我が国の教育の目的を今一度確認したい。教育基本法の第1条には,教育の目的について,「教育は,人格の完成を目指し,平和で民主的な国家及び社会の形成者として必要な資質を備えた心身ともに健康な国民の育成を期して行わなければならない。」と定めてある。生徒指導提要ではこれについて,社会によって守られ,はぐくまれてきた人格こそがその社会の未来を形成していく国民となり得ること,そしてそうした国民こそが次なる世代を適切に育成していくことができるとし,この教育基本法第1条は,人間発達と社会発展の関係を前提としていると示している。つまり,私たちが学校教育のなかで行うすべての指導は,子どもの全人的な発達を目指し,いずれ「社会人」としてよりよく生きていけるようにするためのものなのである。そのためには子どもは保護者や学校だけが育てるものなのではなく,「社会が育み,育てるもの」という意識をもたなくてはならない。地域によって守られ,育てられてきた子ども達は地域に戻り,地域を担う人材になっていくのである。

全人的な発達のためには学業的発達,キャリア的発達,個人的-社会的発達が必要になるが,生徒指導では特に個人的―社会的発達を中心に指導する。栗原(2015a:75)は,個人的発達は「パーソナリティの発達」であり,社会的発達は「社会性の発達」であるとしている。生徒指導において,パーソナリティの発達や社会性の発達を促すためには,保護者や地域社会との協力・連携は不可欠である。生徒指導提要では,生徒指導の効果を高めるためには家庭と一致

協力した体制を築くことや地域の教育力を積極的に活用するなどして，連携を促進することが重要だとされている。

8 開発的・予防的生徒指導に活かす地域・家庭との連携

　すべての児童生徒を対象とした問題行動の予防や，子どもたちの個性・自尊感情・社会的スキルの伸長に力点を置いた生徒指導を開発的生徒指導，一部の子どもを対象に初期の段階で問題解決を図り，深刻な問題へ発展しないように予防する生徒指導を予防的生徒指導とされている。効果的な開発的・予防的生徒指導を展開しようとすれば，子どものニーズやゴール（困っていることや将来像）を的確に把握し，それに合わせた支援や指導を展開することが必要となる。子どものニーズの把握をアセスメント（見立て）というが，このアセスメントをより的確なものにするために，地域や家庭との連携は重要な役割を果たす。

　個々の子どもたちの発達は，その子ども自身の特性や養育環境等が複雑にからみあい，さまざまな様相を呈している。たとえば，授業中に立ち歩く，思いついたことをすぐ口に出す等，一見同じように見える子どもの行動も，違う背景から起こっていることもあるのである。アセスメントにおいて，情報収集は多面的に行う必要がある。家庭での様子はもちろん，地域のスポーツ少年団，児童館，民生委員や児童委員，見守り隊などのボランティアの方々等からも子どもの日頃の様子について広く情報を得られれば，それだけ児童生徒理解が深まっていくのである。そしてこうした多側面からの情報が，子どもたちの抱える問題についての早期発見につながる場合もある。また，地域の人材を広く学校教育に活用することで，子どもたちに多様な「ナナメの関係」を提供することもできる。あるいは，ピア・サポート活動の実施場所として地域の保育園や老人ホームに出かける，キャリア教育のために地域の人材を活用する，といったことも可能である。

9 治療的・対処的生徒指導に活かす地域・家庭との連携

　いじめや暴力行為，不登校，薬物や性の問題等，従来の問題行動への対処型の生徒指導が治療的・対処的生徒指導である。ここにも地域や家庭との連携があることが，指導の一助となる。治療的・対処的生徒指導のためには，地域の保健福祉センターや児童相談所，保健師，家庭相談員，警察，司法関係組織等との連携が必要となるケースも多い。特に，非行や犯罪への対応や，問題行動の背景に家庭環境の難しさのみられるケースへの対応等，対応が困難で深刻なものや程度の重いものについては学校だけでなく地域の学校外専門機関との連携は必須である。より効果的に連携ができるよう，連携先一覧を作成しておいたり，学校側から出かけて顔つなぎをしたり情報交換をしておく等するとよい。また，平成16年度に児童福祉法が改正されたことにより，現在各地域に要保護児童対策地域協議会（通称「要対協」）が設置されている。この協議会は，地域の関係機関等が子どもやその家庭に関する情報や考え方を共有し，適切な連携の元で対応していくためのものであり，虐待や少年非行に対応している。この協議会の構成員には当然学校も含まれている。さまざまな地域の外部機関と連携する場合はプライバシーの保護や秘密の保持に十分配慮する必要があることは言うまでもないだろう。そして，保護者や児童生徒が外部専門機関にかかった場合は，外部機関に任せきりにせず，子どもの学校への復帰に向けて定期的に保護者や外部機関と連絡を取り合い，支援方法の見直しや計画をし，家庭との信頼関係を保つように配慮することが重要である。

　さらに，いじめや不登校に子どもの発達障害や精神疾患が関連するケースも見られる。学校ではいじめや不登校等の解消に向けた対策委員会や，障害等特別な支援を必要とする児童生徒の指導にかかわる委員会を編成したり，教育相談係を設けたりしている。これらの組織は保護者からの相談に十分機能させていくことが大切である。また，不登校の児童生徒への支援として，各市町村に適応指導教室が設けられている。適応指導教室への参加は，本籍校への出席として扱われ，本籍校への復帰の一助となるケースも多くみられる。ナナメの関

係を活かした個別指導により，児童生徒に安心感を与え，学校復帰や教室復帰が促されるからである。さらに適応指導教室の支援員がカウンセリング等の専門性を持っていれば家庭と教員の信頼関係構築により重要な役割を果たすことができるし，支援員が児童生徒に年齢が近ければ，身近な話し相手となり，児童生徒の人間関係や社会適応等に対する自信を回復することに効果的だからである。

10 「連携の難しい保護者」との連携

　ここまで，保護者や地域社会との連携の必要性やその実際について述べてきた。しかし，児童虐待が疑われたり，「モンスターペアレント」等と称される，連携の難しい家庭がみられることもまた，事実である。栗原（2010）はこうした家庭が増加している背景について，教師や学校の権威の崩壊，保護者の高学歴化による相対的な教師の立場の変化，子育てに対するサポートの減少といったことを挙げている。地域の人間関係が希薄になったことで，大人にも「ナナメの関係」は消失し，親としてのあり方の学習機会がなかったり，離婚や少子化などの多様な家庭環境に対応するサポートが得られにくかったりすることで，子どもとのほどよいかかわりができない保護者が増えているのだ。栗原は，こうした保護者には「心理的不安定化」と「学校への期待の肥大」という2つの特徴があると指摘する。保護者のなかには，子どもの「育てにくさ」が極めて強いものや，精神的に追いつめられているもの，パーソナリティが未熟で攻撃的なものなどもいる。このような親は周囲のサポートが得られにくい現代では心理的不安定になりやすい。また，社会におけるニートやフリーター，引きこもり等の問題や格差社会の激化は，子どもの将来についての保護者の不安を増大させる。

　こうしたことから，学校や教師に「信頼」をおきにくい保護者が増えているし，そのためにちょっとしたことがクレームになり，そのクレームへの対応の遅れや不十分な対応が保護者との連携を難しくさせる。そのような事態を防ぐためにも，保護者との連携には「信頼関係」を日常のかかわりのなかで築いて

おくことが必要となる。このような信頼関係は，まず保護者に日頃から子どもの良いところを伝え，教師の肯定的な評価を伝えることにはじまる。そして，訴えがあった場合は傾聴的に話を聞いて，保護者の「辛さ」や「困り感」を理解し，保護者の真の感情と願いを理解することが重要である。また，学校で見られた「気になる様子」について保護者に話をする場合は，「周囲の子どもや，教師が困っているので，保護者になんとかしてもらいたい」というスタンスではなく，「お子さん自身が困っていて，学校としてはそれをなんとか解消してあげたい，そのために保護者と一緒に何ができるか」というスタンスで話を進めることが重要である。

ただ，保護者が精神疾患を抱えていたり，発達障害や知的障害を抱えていたり，保護者に悪意がある場合は，「信頼関係」だけでは対応できない。日頃の保護者との関係作りのなかで，このような保護者の存在を把握し，対応する場合は担任個人でなく，事例に応じて外部機関とも連携しながら，校内のチームで対応することが必要不可欠である。

11 保護者・地域社会と連携した生徒指導の実際

実際の学校現場では，学級の保護者会にピア・サポートの観点を取り入れて保護者のグルーピングを行うことが保護者の子育て不安の解消や学級経営に役立ったり（矢代 2014），保護者や地域社会との連携を積極的に進めることでいじめ対策を強化することができたりする（カウイ 2010：167）。小泉（2004）は，アメリカの公教育のなかで「スクールカレンダー」と呼ばれる学校生活に関わるハンドブックが地域主体で作成されていることや，ドラッグ対策に保護者研修会を行ったり，社会的スキルを学ぶプロジェクトに地域の大学が参加したりしていることを紹介している。一方で，こうした連携は保護者や地域の学校への信頼感がなければ成り立たないこともまた，事実であろう。前項で保護者との信頼関係づくりはまず日頃の様子を肯定的に伝えることから始まる，と述べたように，学校と地域の信頼関係づくりのためにも，学校での子どもたちの様子や取り組みをホームページや学校だよりなどで情報を発信していくことが大

切である。

参考文献

上地安昭（2003）『教師のための学校危機対応マニュアル』金子書房.

ヘレン・カウイ（2010）「すべての子どもたちへの支援⑪英国のいじめ防止プログラム——学校全体で取り組むアプローチ」森敏昭・青木多寿子・淵上克義編『よくわかる学校教育心理学』ミネルヴァ書房.

春日井敏之・伊藤美奈子編（2011）『よくわかる教育相談』ミネルヴァ書房.

栗原慎二（2015a）「マルチレベルアプローチ：日本版包括的生徒指導の理論と実践（第1回）マルチレベルアプローチって何ですか」『月刊学校教育相談』29（5）：72-77.

栗原慎二（2015b）「マルチレベルアプローチ——日本版包括的生徒指導の理論と実践（第2回）マルチレベルアプローチで日本の現状に合った生徒指導を」『月刊学校教育相談』29（6）：72-77.

栗原慎二・山崎茜・長江綾子（2015）「マルチレベルアプローチ——日本版包括的生徒指導の理論と実践（第4回）マルチレベルアプローチとアセスメント」『月刊学校教育相談』29（8）：72-77.

小泉令三（2004）『地域と手を結ぶ学校——アメリカの学校・保護者・地域社会の関係から考える』ナカニシヤ出版.

スザンヌ・カペック・ティングリー著，栗原慎二・バーンズ亀山静子監訳（2010）『難しい親への対応——保護者とのよりよい関係の築き方』渓水社.

日本学校教育相談学会刊行図書編集委員会（2006）『学校教育相談学ハンドブック』ほんの森出版株式会社.

藤岡秀樹（2010）「学校心理学から見た教育相談・生徒指導」『京都教育大学教育実践研究紀要』（10）：183-192.

文部科学省（2010）『生徒指導提要』文部科学省.

矢代幸子（2014）「保護者のピアづくりを目指したグループ面談（特集　保護者を味方にするこんな工夫）」『月刊学校教育相談』28（6）：24-27.

（山崎　茜）

第 7 章

進路指導（キャリア教育）の意義と課題

　本章では進路指導（キャリア教育）の意義と課題を，理論と実践の両面から原理的に考察していく。理論面では進路指導の定義や意義を，実践面では進路指導の実際的機能や今日的課題を取り上げていきたい。その際，「進路指導」と「キャリア教育」の関連性についても論じることとなる。進路指導は，児童生徒が自らの将来について設計するなかで，進路を適切に選択する能力を育むために，学校全体として組織的・体系的に取り組む教育活動である。近年の進路指導はキャリア教育のなかに位置づけられており，キャリア発達を促す指導も重要な視点となっている。

1　進路指導の意義と特徴

（1）法令等から見た進路指導について

　進路指導は各種法令の側面からみた場合，どのように位置づけられているのだろうか。まず日本国憲法においては，第27条1項で，「すべて国民は，勤労の権利を有し，義務を負う」とある。さらに第22条1項で，「何人も，公共の福祉に反しない限り，住居，移転，及び職業選択の自由を有する」とある。そしてそれを受けて教育基本法の「教育の目標」の第2条2項で「個人の価値を尊重して，その能力を伸ばし，創造性を培い，自主及び自立の精神を養うとともに，職業及び生活との関連を重視し，勤労を重んずる態度を養うこと」と，

さらに踏み込んだ表現になっている。

　このように，職業や勤労は人間にとって権利であるとともに義務であることが，憲法及び教育基本法で明確に謳い上げられていることがわれわれに容易に理解できよう。そのうえで，学習指導要領総則において，特に中学校では進路指導の全体計画策定や，勤労・生産・奉仕等にかかわる体験活動の充実やガイダンスの充実が指摘されていくことになる。

（2）進路指導の定義及びその特徴

　進路指導の定義はさまざまであるが，たとえば「中学校進路指導の手引[学級担任編]」(1961年文部省)によれば，「生徒の個人資料，啓発的経験及び相談を通して，生徒みずから，将来の進路を選択，計画し，就職または進学して，さらにその後の生活によりよく適応し，進歩する能力を伸長するように，教師が組織的，継続的に指導援助する過程である」とされている。近年では1994（平成8）年の文部省版『進路指導の基本的性格』のなかで，「進路指導は，個々の生徒の能力・適性等の発見と開発を前提としつつ，彼らが自主的に進路を選択し，やがて自己実現を達成していく可能性の発達を図る教育活動である。」と定義されている。さらに学校における進路指導は，子どもの職業的発達を促進する教育活動であることを全教員が共通認識し，子ども自らが自己の在り方生き方についての考えを深める支援であり指導である。

（3）「進路指導」と「キャリア教育」

　フリーター（正社員等以外の就労形態で生計を立てている15～34歳の若者）やニート（15～34歳の若年無業者）と呼ばれる若者が増加して，今や深刻な社会問題と化していることは周知の事実である。こうした喫緊の問題に取り組む教育が「キャリア教育」であり，現代社会でも注目され始めている。

　第10章で津田徹が示しているように，キャリアとは『中学校キャリア教育の手引き』（文部科学省，平成23年5月）によれば，「人が，生涯の中で様々な役割を果たす過程で，自らの役割の価値や自分と役割との関係を見いだしていく連なりや積み重ね」（p. 15）である。さらに中央教育審議会によれば，キャリア

教育とは，「一人一人の社会的・職業的自立に向け，必要な基盤となる能力や態度を育てることを通して，キャリア発達を促す教育」と定義されている（中央教育審議会「今後の学校におけるキャリア教育・職業教育の在り方について（答申）」（平成23年1月31日））。

このように「キャリア教育」とは，子どもたちが明確な目的意識をもって学校生活を送りつつ，主体的に自らの進路を選択できる能力を高め，しっかりとした職業観や勤労観を形成しつつ，激しい社会の変化のなかで直面するさまざまな課題に対応できる社会人や職業人となることを目的とした教育のことである。2008（平成20）年1月の中央教育審議会答申「幼稚園，小学校，中学校，高等学校及び特別支援学校の学習指導要領等の改善について」において，新学習指導要領での「キャリア教育」の充実が指摘された。

それでは，「進路指導」という用語と「キャリア教育」はどこが違うのだろうか。「キャリア教育」は幼児期の教育や義務教育の時期から開始されるという意味で，体系的な各学校段階での取り組みが求められる。それに対して「進路指導」は，学習指導要領に即しつつ述べれば，中学校と高等学校に限定された教育活動なのである。

（4）小学校における進路指導

2010（平成22）年1月の『小学校キャリア教育の手引』によれば，小学校低学年では，①小学校生活に適応すること，②身の回りの事象への関心を高めること，③自分の好きなことを見つけて伸び伸びと活動することの3点が挙げられている。小学校中学年では，①友人と協力して活動するなかでかかわりを深めること，②自分の持ち味を発揮して役割を自覚することの2点が挙げられている。高学年では，①自分の役割や責任を果たして役立つ喜びを体得すること，②集団のなかで自己を生かすこと，③社会と自己とのかかわりから自分の夢や希望を形成することの3点が挙げられている。

（5）中学校・高等学校の進路指導

中学校・高等学校の進路指導については，従来「進路指導」が「人間として

の在り方生き方の指導」等と呼ばれてきたことからもわかるように，中学校・高等学校においては，ほぼキャリア教育と同義で捉えられている。2008（平成20）年改訂の『中学校学習指導要領』の総則において，「生徒が自らの生き方を考え主体的に進路を選択することができるよう，学校の教育活動全体を通じ，計画的，組織的な進路指導を行うこと」と明示されている。しかもこうした考え方は1970（昭和44）年版学習指導要領から一貫して継続されている。また『高等学校学習指導要領』の総則では「生徒が自己の在り方生き方を考え，主体的に進路を選択することができるよう，学校の教育活動全体を通じ，計画的，組織的な進路指導を行うこと」と中学とほぼ同じ捉え方がされている。

　2011（平成23）年1月の中央教育審議会答申「今後の学校におけるキャリア教育・職業教育の在り方について」では，それぞれの学校段階の教育活動全体で進路指導・キャリア教育に取り組むべきであり，その領域がたんに特定の活動を意味するものではないことが示唆されている。いずれにせよ進路指導もキャリア教育ともに教育活動全体を通じて行われるべきものにちがいない。

　従来の進路指導は別名「出口指導」とも呼ばれ，学力に応じた進学や就職相談等についての生徒や保護者へ具体的な進路選択の助言が中心であった。他方，近年注目され始めた「キャリア教育」は，生徒の職業観・勤労観を育成することによって，目的ある進学や就職を援助しようとするもので，最終的には生徒各自の自己実現を援助するものである。

（6）小・中・高等学校学習指導要領におけるキャリア教育

　学習指導要領で展開されている「ねらい・内容・配慮事項」のうち，キャリア教育に関連した主たる事項が，文部科学省，『キャリア教育の推進に関する総合的調査研究協力者会議報告書〜児童生徒一人一人の勤労観，職業観を育てるために〜』（平成16年1月28日）にコンパクトにまとめられているので，ここで紹介してみたい（表7-1）。

表7-1　小・中・高等学校学習指導要領におけるキャリア教育関連事項

ア　小学校

特別活動	【学級活動】 ・学級や学校における生活上の諸問題の解決，学級内の組織づくりや仕事の分担処理などの活動・希望や目標をもって生きる態度の形成，基本的な生活習慣の形成，望ましい人間関係の育成，心身ともに健康で安全な生活態度の形成などの活動 【児童会活動】 ・学校生活の充実と向上のための協力などの活動 【学校行事】 ・勤労生産・奉仕的行事における勤労・生産体験やボランティア活動など
道　徳	・働くことの大切さを知り，進んで働くこと・働くことの意義を理解し，社会に奉仕する喜びを知って公共のために役立つことをすること
総合的な学習の時間	・学び方やものの考え方を身に付け，問題の解決や探求活動に主体的，創造的に取り組む態度を育て，自己の生き方を考えること・ボランティア活動などの社会体験，見学や調査，発表や討論，ものづくりや生産活動などの体験的な学習
各教科	・生活科や家庭科における家庭での仕事の理解と役割分担に関する学習・社会科における地域の人々の生産や販売，我が国の産業について調査・見学や資料を活用した調べ学習など・学習課題や活動の選択，自らの将来について考えたりする機会の設定

イ　中学校・高等学校

特別活動	【学級（ホームルーム）活動】 ・学級や学校における生活上の諸問題の解決，学級内の組織づくりや仕事の分担処理などの活動・個人及び社会の一員としての在り方（生き方）に関すること 青年期の不安や悩み（悩みや課題）とその解決，自己及び他者の個性の理解と尊重，社会の一員としての自覚と責任（社会生活における役割の自覚と自己責任），男女相互の理解と協力，望ましい人間関係の確立（コミュニケーション能力の育成と人間関係の確立），ボランティア活動の意義の理解，（国際理解と国際交流）など ・学業生活の充実及び将来の生き方と進路の適切な選択（決定）に関すること 学ぶことの意義の理解，自主的（主体的）な学習態度の形成（確立），選択教科等（教科・科目）の適切な選択，進路適性の吟味（理解）と進路情報の活用，望ましい職業観・勤労観の形成（確立），主体的な進路の選択（決定）と将来設計など 【生徒会活動】 ・学校生活の充実・改善向上を図る活動やボランティア活動など 【学校行事】 ・勤労生産・奉仕的行事における職業や進路にかかわる啓発的な（職業観の形成や進路の選択決定に資する）体験やボランティア活動など
道　徳	・自己が属する様々な集団の意義についての理解を深め，役割と責任を自覚し，集団生活の向上に努めること・勤労の尊さや意義を理解するとともに，奉仕の精神をもって，公共の福祉と社会の発展に努めること
総合的な学習の時間	・学び方やものの考え方を身に付け，問題の解決や探求活動に主体的，創造に取り組む態度を育て，自己の（在り方）生き方を考えること・（生徒が興味・関心，進路等に応じて設定した課題について知識や技能の深化，総合化を図る学習）・（自己の在り方生き方や進路について考察する学習）・ボランティア活動などの社会体験，見学や調査，発表や討論，ものづくりや生産活動など体験的な学習
各教科	・中学校の技術・家庭科，社会科の公民的分野や選択教科における関連分野での学習・中学校・高等学校の保健体育科，国語科，外国語科，高等学校の公民科における学習・中学校・高等学校の職業に関する各教科・科目における実習をはじめとした学習・高等学校における「産業社会と人間」などの学校設定教科・科目での学習
その他	・集団生活への適応と選択教科（教科・科目）や進路の選択にかかるガイダンスの機能の充実・高等学校普通科，専門学科におけるコースや類型及び選択科目の設置，総合学科における系列の提示と多様な選択科目の設置など

2 キャリア教育の意義と特徴

(1) キャリア教育が出てきた背景

　現代日本では，学校から社会への移行をめぐるさまざまな課題が山積している。その背景には，次のような状況が関連するものと思われる。たとえば現代社会で，経済のグローバル化が急速に進み，さらにコスト削減や経営の合理化が求められ，雇用形態も変化している。具体的には製造部門の海外移転，正規雇用から非正規雇用への切り替え等が挙げられる。またそれとは別に若者の職業観の未熟さ，職業人としての基礎的資質や能力の低下等が指摘されている。たとえばフリーター志向の広がりや早期離職等の問題をどのように評価するかが問われている。

　近年の子どもは精神的・社会的自立が遅れ，健全な人間関係を構築できにくくなったと言われている。それと関連して，彼らのなかには自らの進路を積極的に選択しようとしなくなる者もでてきた。高等教育機関への進学率は上昇したものの，いわゆるモラトリアム傾向が強まり，進学や就職の意識も低下しつつある。こうした問題を解決するためにキャリア教育の必要性が生じてきたものと思われる。

(2)「キャリア」のとらえ方

　「キャリア」の解釈や意味付けはきわめて多様であり，時代の変遷とともに変わってきている。文部科学省（2004）『キャリア教育の推進に関する総合的調査研究協力者会議報告書』では「キャリア」を「個々人が生涯にわたって遂行する様々な立場や役割の連鎖及びその過程における自己と働くこととの関係付けや価値付けの累積」としてとらえている。

　キャリアは「個人」と「働くこと」との関係の上に成立する概念であり，それは個人から決して独立して存在し得ないということである。さらに「働くこと」については，今日では職業生活だけを意味するものではなくなってきている。たとえばボランティアや趣味等の多様な活動を含みもつものであり，個人

表7-2 学校段階別に見た職業的（進路）発達段階，職業的（進路）発達課題

	小学校段階	中学校段階	高等学校段階
〈職業（進路）発達段階〉	進路の探索・選択にかかる基盤形成の時期	現実的探索と暫定的選択の時期	現実的探索・試行と社会的移行準備の時期
〈職業的（進路）発達課題〉（小～高等学校段階）各発達段階において達成しておくべき課題を，進路・職業の選択能力及び将来の職業人として必要な資質の形成という側面から捉えたもの。	・自己及び他者への積極的関心の形成・発展 ・身のまわりの仕事や環境への関心 ・意欲の向上・夢や希望，憧れる自己イメージの獲得 ・勤労を重んじ目標に向かって努力する態度の形成	・肯定的自己理解と自己有用感の獲得 ・興味。関心等に基づく職業観・勤労観の形成 ・進路計画の立案と暫定的選択 ・生き方や進路に関する現実的探索	・自己理解の深化と自己受容・選択基準としての職業観 ・勤労観の確立・将来設計の立案と社会的移行の準備 ・進路の現実吟味と試行的参加

（出所）国立教育政策研究所生徒指導研究センター（2002）「児童生徒の職業観・勤労観を育む教育の推進について」．

がその職業生活，家庭生活，市民生活等の全生活のなかで経験するさまざまな立場や役割を遂行する活動として幅広く把捉することが求められるだろう。

（3）キャリア教育の定義

　高木克によれば，キャリア教育は，キャリア概念に基づき，「児童生徒一人一人のキャリア発達を支援し，それぞれにふさわしいキャリアを形成していくために必要な意欲・態度や能力を育てる教育」ととらえられている（高木2013）。端的には「児童生徒一人一人の勤労観，職業観を育てる教育」とされた。キャリアの形成にとって大切なことは，個々人が自分なりの確固とした勤労観，職業観をもちつつ，自らの責任でキャリアを選択し決定していくことができるために必要とされる能力や態度を身に付けることである。

（4）学校段階別に見たキャリア教育の課題

　キャリア教育は一人ひとりのキャリア発達や個としての自立を促す観点から，これまでの教育の在り方を幅広く見直し，改革していくための理念と方向性を示すものである。

　人間の成長や発達の過程にはいくつかの段階（節目）と各段階で取り組むべ

き発達課題がある。学校段階別には表7-2のような段階と課題が考えられる。こうした発達には，自己理解，進路への関心・意欲，勤労観，職業観，職業や進路先についての知識や情報，進路選択や意思決定能力等のさまざまな側面が考慮される必要が出てくる。

3 学校教師の役割としての進路指導

(1) 進路指導の役割

「進路指導」という言葉を聞くと，一般的に，「中学校」での志望高校決定時の相談風景，あるいは高等学校の進路指導室での相談体験を連想するだろう。もちろん，それらもまた進路指導の仕事の一部にはちがいないが本来，どのような内容が進路指導の領域といえるのだろうか。伊藤一雄（2008）によれば，進路指導の業務の一つである入学試験指導等は世間から注目される仕事である反面，実際の学校現場での進路指導業務の大半は，本来は生徒の将来の進路を受け止め，助言する地味な仕事である場合が多い。

(2) 進路指導の変遷

伊藤一雄（2008）に従えば，学校では，校長次いで教頭（副校長）を組織上の責任者として，そこから枝分かれしつつさまざまな分掌が展開されており，その中の一部門が進路指導を担当する。そしてそこでの総括的責任者が進路指導主事と呼ばれている。こうした制度が設定されたのは，1953（昭和28）年の文部省令第25号「学校教育法施行規則の一部を改正する省令」においてである。最初は「職業指導主事」という職名で開始された。これには「職業指導主事は教諭をもってこれにあてる。校長の監督を受け生徒の職業指導をつかさどる」と規定されていた。さらに1971（昭和46）年の文部省令の改定により「職業指導主事」の名称が「進路指導主事」となり，これに呼応する形で，「職業指導」（vocational guidance）と呼ばれていたものが「進路指導」（career guidance）と名称が変更された。それまでの職業指導という職業に限定した狭い範囲の指導ではなく，学校教育全体の教育活動として進路指導を位置づけることになったの

が名称変更の大きな理由である。

　1974（昭和49）年に90％を超えた高校進学率は，その後2007年現在でも同じ比率の状態が続いている。しかしこの省令ができた当時の1953（昭和28）年頃は，高校進学率が50％にも達しておらず，多くの中学生は卒業するとすぐに就職という状況にあった。こうした歴史的事情のために，就職指導には職業指導のベテランの教師が配置されていたし，学校側のこうした進路指導体制の確立はむしろ喫緊の課題でもあった。しかしその後の急速な進学率の上昇によって，高校進学者は急増し，中学卒業生はそのほとんどが高校へ進路をとるようになった。

（3）教師の役割としての進路指導の実際的目標

　現行の進路指導の目標を抜きだしてみると，平成20年告示の中学校学習指導要領総則の配慮事項で，「生徒が自らの生き方を考え主体的に進路を選択できるよう，学校の教育活動全体を通じ，計画的，組織的な進路指導を行うこと」となっており，高等学校学習指導要領総則では，「生徒が自己の在り方生き方を考え，主体的に進路を選択することができるよう，学校の教育活動全体を通じ，計画的，組織的な進路指導を行うこと」となっている。このように，進路指導は近年の社会状況に応じて，その重要性がますます高まりつつある。

　伊藤（2008）によれば，進路指導は，学校行事や学級あるいはホームルーム活動の中で行われるべきであるとする。中学校および高等学校の場合，特別活動の目標は「望ましい集団活動を通して，心身の調和のとれた発達と個性の伸張を図り，集団や社会の一員としてよりよい生活を築いていこうとする自主的，実践的な態度を育てるとともに，人間としての在り方生き方についての自覚を深め，自己を生かす能力を養う」（註：下線は高等学校のみ）とされている。

（4）進路指導の実務内容

　学校の現場で生徒を対象に行う進路指導の実務の内容としては以下の4点を伊藤（2008）に即して要約的に述べてみよう。
① 生徒が自分の進路適性についての理解を図ることを助ける。

日本社会の現状を分析すると，進学率の急増に伴い，同世代の若者が高校・大学とほぼ均一的ともいえる進路をとる状況になってきた。そうなると，人生のほんの一部の評価である「偏差値」といった単純な尺度で自己をあるときは過大評価して喜び，反対に過小評価しては自己卑下する傾向が生じる。このように自分を冷静に見つめることが困難な場合に，さまざまな相談活動等を通じて生徒の自己理解を深める援助をすることが重要である。

② 生徒がさまざまな進路情報の活用と理解ができるよう指導・援助する。

情報化社会では，生徒の周辺にも，玉石混交の情報が入り乱れているのが現状であり，そのなかから自分にとってどのような情報が正しくまた必要となるのかを取捨選択する情報選択能力を強化する指導が求められる。

③ 生徒が自己に適した進路先を決定できるよう援助する。

教師はあらゆる学校生活の場面で，生徒に具体的進路の決定の援助をする姿勢が求められる。進路指導の仕事には，進学や就職等で思い通りの結果が得られなかった生徒を指導することも含まれる。この指導は，本人だけでなく，むしろ保護者等への適切な配慮をも包含したきめ細やかな対応が求められる。

④ 生徒が決定した進路先に適応できるよう援助する。

中学校あるいは高等学校の卒業生の大半は，高等学校や大学等に進学するか，あるいは就職等で社会人となっていく。とくに就職の場合の問題点として，中学校卒業生では約半数が，また高校卒業生では約3分の1が，卒業後3年以内に離転職しているという深刻な事実があり，いわゆる進路不適応の生徒の相談に対応することも進路指導の仕事となる。これは大学卒業生でも類似の進路不適応問題が社会問題化し始めており，早急な対応が求められてきている。

(5) 進路指導に関する教師の仕事

伊藤（2008）によれば，これとの関連で，さまざまな業務を担当する進路指導の仕事を大別すると，高等学校等の場合は，進路指導の年間指導計画等は各分掌の進路委員会で行うのが一般的である。一方，中学校の場合は，進路指導業務一般は，学年担任が全体として取り組む場合が多い。中学校の学級担任や高校のホームルーム担任としての指導は，おのずから学級やホームルームがそ

の中心となる。年間のホームルームの時間数は35回で、そのなかで進路指導に関する問題は、7〜8時間は割かねばならない重要課題である。

　他方で、個々の生徒に対しては個人面談、保護者も含めた三者面談等を実施する必要がある。進学や就職が思うように実現できなかった生徒の指導をするのは、教員として辛い経験となるものの、しかしまた卒業時に、さまざまな困難を克服した生徒が、元気に社会に羽ばたいてゆく姿を見る喜びを味わうことができるのも学級担任あるいはホームルーム担任の特権でもある。以下では、その意味で進路指導の仕事のなかで中核に位置づけられている、「進路保障」の主要な問題を選んで説明したい。

（6）進路保障の問題

　伊藤（2008）によれば、中学校や高等学校の現場で教員たちが、最も神経をすり減らす指導の一つに生徒の就職問題があるという。文部統計によれば、2012（平成24）年3月に中学校卒業者の就職割合はわずか0.4％であり、高等学校卒業者の場合でさえ16.7％程度にすぎない。しかし少数だからといって援助体制を手薄にしてはならない。伊藤一雄の理解によれば、特に今日では、少数派に属する中学校での就職希望者については、高学歴化の進む今日の社会的状況の中で経済的・家庭的に恵まれない生徒が多いだけに、多数の進学する生徒以上に、教員は柔軟にしかもきめ細かく生徒の相談に向き合う心構えが求められる。生徒によって、はやく就職が内定する場合もあれば、年が明けて卒業式が近づいても就職が決定せず、本人のみならず保護者や指導教員も、募る思いで内定獲得を待ち望む場合もある。いずれにせよこの「進路保障」の問題は、学校現場の教員等の喫緊の課題となる。

4　進路指導の意味と進路指導計画

（1）進路選択の理念

　熊谷信順（2005）によれば、進路選択を考えるうえで重要な事柄は以下の2点に集約できるという。第一に進路選択は、生徒一人ひとりの主体的な行為で

あるとしたうえで，自分の生き方は自らが考えることが基本となるべきだということである。なぜなら私たちは，自らの人生を設計して生きるのは自分以外にはなく，その結果がどうであれ，自分の責任で引き受けなければならないからである。進路選択は，こうした自立した生き方が基盤となるわけであり，誰か他の人に用意してもらったりするものではない。第二に，進路選択にとって自己理解を深めることが重要な要素となる。どのような活動に携わっているときに自分は満足感や充実感を得られるのだろうか。こうした問いに応えるなかで，そこから自分の特徴を明確にし，受容することによって自分が将来，自信をもって生きてゆくことができるのである。

　私たちは，一日の大半の時間と労力を職業的活動に費やす。それが長年，蓄積され継続されて，日々の仕事に適応することができ，職業的に社会化されてゆく。そのような過程を経て，職業的価値観や，規範，倫理観等を自己のなかに内在化させてゆくだけでなく，言葉遣いや行動の仕方までも独特のスタイルを構築するようになる。職業生活は自分の生活そのものであり，長い人生のなかでの蓄積の連鎖が「キャリア」と呼ばれている。その意味でキャリアとは，自分の人生そのものであり，自分という人間が確かにこの世に存在した証でもある。自分の固有の価値や意味は，どのような活動や仕事を通じて最も効果的に表現できるかを考え続けることに意味がある。つまり進路選択は，生き方の選択であり，進路指導は生き方の教育であるともいえるのである。

（2）進路指導の意味

　篠崎信之（2005）に従えば，確かに進路指導は生徒指導の一部であるものの，実際には生徒指導部，進路指導部という別々の表記で言い表されており，分離して活動されている場合が普通である。進路指導の定義としては，『中学校・高等学校進路指導の手引き――高等学校ホームルーム担任編――（改訂版）』(1983) のなかで，「生徒の一人一人が，自分の将来の生き方への関心を深め，自分の能力・適性等の発見と開発に努め，進路の世界への知見を広くかつ深いものとし，やがて自分の将来の展望を持ち，進路の選択・計画をし，卒業後の生活によりよく適応し，社会的・職業的自己実現を達成していくことに必要な

生徒の自己指導能力の伸長を指す，教師の計画的，組織的，継続的な指導・援助の過程」と規定されている。このことからも理解できるように，進路指導の本質は，単に卒業後の就職先や進学先を決定することだけではなく，生徒が自らの能力を最大限に発揮し，自分らしく生きる進路を，自らの力で見出すための援助をすることである。

進路指導はともすれば，卒業を控えた最終学年に集中しがちになるものの，本来は初年度から計画的に数年の期間を継続して展開されるべきものだろう。その意味で適切な進路指導とは，学校全体，全学年を見通した長期展望の視点が求められる。そのため，進路指導の中核的位置づけとしての進路指導部が長期的な進路指導の全体計画を立案することになる。

(3) 進路指導計画とは何か

進路指導計画では，第一に進路指導の全体計画が作成される。全体計画は，基本的事項と全体計画表に区分される。基本的事項には，進路指導の目標，方針，努力点などが示され，個々の計画の主要事項が，学年別・月別に示される。全体計画を達成するために個々の計画が立案される。個々の計画は，篠崎信之によれば，およそ次の3つに分けられる。

① 生徒に直接働きかけるために必要な個々の計画（学級活動・ホームルーム活動における進路指導計画等）

② 教師の活動のために必要な個々の計画（進路指導部の活動計画，相談室・情報処理室等の管理運営の経験等）

② 外部に働きかけるために必要な個々の計画（学校間・職業安定機関・事業所等との連携の計画等）

(4) 進路指導の個々の計画

篠崎信之（2005）に従えば，進路指導の中心となるのは，生徒に直接働きかけるために必要な個々の計画であるという。その具体的指導内容は以下のように6分割される。

1．「教師の生徒理解および生徒の自己理解を深める活動」

2．「進路に関する情報資料を学ぶ活動」
3．「啓発的経験を深める活動」
4．「進路に関する相談活動（進路相談）」
5．「就職や進学に関する指導・援助の活動」
6．「卒業者の追指導に関する活動」　　　　　（文部省　1997）

　1．「教師の生徒理解および生徒の自己理解を深める活動」とは，教師が生徒をしっかりと受け止め，また生徒が自らを受け入れやすくするための活動である。具体的に，生徒は学力偏差値だけで表現しきれない多くの可能性を含みもっていることを認識すること，また生徒自らが自身の能力，適正等を把握し，自らに適した進路を選択できるように，教師が指導することが重要である。
　2．「進路に関する情報資料を学ぶ活動」では，生徒に進路情報を与え，それらの情報を自分で収集できるように教師が指導することが求められる。進路情報を生徒に提供することによって，生徒は進路意識を高めることができる。その結果として，生徒の望ましい職業観が育成される。
　3．「啓発的経験を深める活動」とは，生徒が自らの経験を通して自分の能力，適性等を確認しつつ具体的な進路情報を獲得するための活動である。たとえば，教師が学校の授業のなかで，個々の生徒の各教科における得意・不得意や興味を検討することや，教師が学校行事における勤労生産・奉仕活動，職場見学等に積極的に関与すること等がこれに当たる。
　4．「進路に関する相談活動（進路相談）」とは，「進路」に関する相談活動である。進路相談は進路という問題が強調されるものの，「教育相談」の一部として理解することができる。
　篠崎信之の理解によれば，進路相談の実施に際して，教師は，進路についての豊富な情報をもって的確に生徒に助言できなければならない。そのため，進路相談は学級担任だけが担当するのではなく，進路指導主事や専門教科の担当教師も側面から援助する姿勢も求められよう。
　5．「就職や進学に関する指導・援助の活動」とは，生徒が主体的に自ら選択した進路に積極的に関わることができるように，教師が実際的な指導・援助

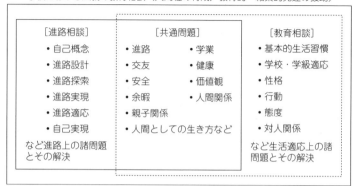

図 7-1　進路相談と教育相談の関係

(出所)　吉田 (1994).

を行うことである。具体的に，進路先への提出書類の準備，選考試験に臨む際の諸注意，進路先での適応についての指導等が教師によってなされる。この段階では，自らの進路計画は自ら決定したという自覚を生徒に意識させることが重要である。なぜなら万一，不幸にも進路先で困難に遭遇しても乗り越えることが可能だからである。

　6.「卒業者の追指導」とは，学校卒業後も，進路先で適応しつつ活動できるように指導・援助することである。具体的には，訪問・招集・文書・電話等で対応することになるが，このような指導は，学校と進路先と綿密な連絡をとりつつ，信頼関係を構築するなかで実践する姿勢が求められる。追指導の段階は，在学中の進路指導のあり方や，「教師－生徒」の人間関係の本質が問われる機会でもある。

参考文献

伊藤一雄 (2008)「進路指導」教職問題研究会編著『教職論——教員を志すすべてのひとへ　第2版』ミネルヴァ書房.

熊谷信順 (2005)「進路指導の意義と課題」熊谷信順・高橋超ほか編著『生徒指導・進路指導』ミネルヴァ書房.

佐々木正治編著 (2008)『新教育原理・教師論』福村出版.

篠崎信之 (2006)「教育相談・進路相談の方法・技術」吉田辰雄編著『最新　生徒指導・進路指導——ガイダンスとキャリア教育の理論と実践』図書文化.

高木克 (2013)「進路指導とキャリア教育」『生徒指導論』青山社.

文部科学省 (2004)『キャリア教育の推進に関する総合的調査研究協力者会議報告書〜児童生徒一人一人の勤労観，職業観を育てるために〜』(平成16年1月28日).

文部科学省 (2008)『中学校学習指導要領解説（平成20年9月）　総則編』ぎょうせい.

文部科学省 (2008)『高等学校学習指導要領解説（平成20年8月）　総則編』東洋館出版社.

矢野正 (2013)『生徒指導論』ふくろう出版.

吉田辰雄 (1994)『最近の生徒指導と進路指導その理論と実践』図書文化社.

吉田辰雄・大森正編著 (2004)『教職入門　教師への道』図書文化社.

（広岡義之）

第8章

進路相談（キャリア教育）による生徒指導

　今日，求められている進路指導とは，「人生をどう生きるか」という大きなテーマであり，受験指導，就職指導ばかりではない。我が国では，ニートや引きこもり，若者の高い離職率が大きな社会問題となっており，学校教育ではこれらの諸問題に対しても予防・開発的な視点で取り組む必要がある。
　そこで本章では，進路指導をキャリア教育に位置づけ，生徒指導の視点から，「生き方指導」「人づくり」を述べる。特に小学校・中学校・高等学校で，進路指導・キャリア教育は，生徒指導とどのような関連で実践が行われているかを，具体的な事例を基に概観する。筆者は，中学校教師の経験があり自らが実践してきた，職業体験，キャリアのモデリングづくり，進路相談，高校見学など，実践的な内容を提示する。

1　包括的支援モデルにおけるキャリア教育

（1）ニート・引きこもりの現状
　独立行政法人労働政策研究，研修機構副統括研究員である小杉礼子（2005）はニートを4分類している。
　① 享楽的で，今が楽しければいいというタイプ「ヤンキー型ニート」
　② 社会との関係が築けず引きこもったり，不登校の延長で引きこもるタイプ「引きこもり型ニート」
　③ 就職を前に考え込んでしまい，行き詰まるタイプ「立ちすくみ型」
　④ いったんは就職するが，早々にやめて自信を喪失するタイプ「つまず

き型ニート」

　最近の子どもや若者は，困難な問題や課題に直面すると，投げ出したり諦めたりする傾向がある。そして一度，失敗すると傷ついてしまい，チャレンジする意欲がなくなってしまう。これらの傾向がニートや引きこもりの一因とも考えられる。

　我が国の引きこもりは70万人，若年無業者は60万人（内閣府 2014）といわれており，その対策では多額の税金が投入されている。たとえば，平成16年度からスタートした「若者の自立・挑戦のアクションプラン」では，文部科学省・厚生労働省など関係省庁合計で，平成16年度は759億円，平成17年度は761億円の税金が使われた。それにもかかわらず，引きこもり・ニート共に一向に減少しなかったため，その後，効果のない政策とみなされ大幅な予算縮小となった。

　この結果からみて，すでに引きこもりやニートになってしまった若者に対する3次支援ではなく，引きこもりやニートにならないための1次支援が重要であることがわかる。その1次支援とは，学校教育で行われる進路指導（キャリア教育）が中心だと考えられる。

（2）包括的支援モデルと ASCA

　アメリカスクールカウンセリング協会 ASCA（American School Counselor Association）のスクールカウンセリングプログラムは，ナショナル・スタンダード（国家基準）であり，幼稚園から高校までの発達段階を踏まえた「学業的発達」「キャリア的発達」「個人的－社会的発達」の3領域で構成されている（中野 2000）。

　アメリカの影響を受けている日本の学校心理学では，「学習面」「心理・社会面」「進路面」「健康面」の4領域で構成されている（石隈 1999）。

　本章で紹介する砂時計モデル（金山 2006）は，ASCAのモデルを活かし，3領域「学習（授業）」「キャリア（進路）」「発達・適応（生徒指導）」とし，健康は発達・適応に含めている。1次支援の「キャリア（進路）」では，全児童生徒を対象にした，予防的・開発的な支援である。たとえば，年間計画に位置づけられた職業体験やゲストティーチャーを招いた職業説明会などが挙げられ

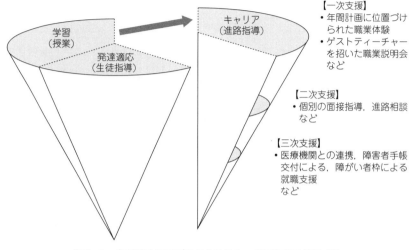

図8-1　包括的支援モデルにおけるキャリア教育の位置づけ

る。同様に、2次支援の「キャリア（進路）」では、一部の児童生徒を対象とした、教師のチームによる面接指導や進路相談などである。3次支援の「キャリア（進路）」では、特定の児童生徒を対象とした、関係機関との連携による対応である。たとえば、医療機関との連携による障害者手帳交付による、障がい者枠による就職支援などである。つまり、全児童生徒に対して、1次～3次支援を通してキャリア支援を実施する（図8-1）。

2　進路指導と生徒指導

（1）進路指導の課題

　一昔前までは「偏差値の高い学校に行き、いい会社に入れば幸せな人生が待っている」と考えられた時代であったため、子どもたちは、学校でも家庭でも「とにかく勉強しなさい」といわれ続けてきた。
　しかし、企業競争が激化し、終身雇用体制が崩れてからは、日本の有名企業ですらリストラが行われ、見通しのもちにくい時代となった。いわゆるマッチング理論といわれる、本人の能力・特性・持ち味と、企業の望む人材を結びつ

けるだけでは，進路選択・職業選択はできない時代になったといえる。現に，就職後3年以内に離職する若者は，大学卒は3割，高校卒は5割，中学校卒7割となり，〈七五三〉といわれている。

　従来の進路指導には，自己実現に偏りすぎている傾向がある。本来の働く意味とは，個人的目的（自己実現のために），経済的目的（生活のために），社会的目的（社会とつながるために）といってもよい。しかし，今の若者は，「やりたいことが見つからない」「何をすればいいのか決められない」といい，就職しないこともある。好きなことより，できることをすることも必要である。また，一方，「私は，漫画家になりたいので，就職はしません」「僕は，小説家になりたいので，就職はしません」という学生もいる。夢や希望（自己実現）を，働かない免罪符にするのである。

　親は，家族の生活のために必死に働いているが，自己実現だけの教育に偏ると「俺の親父の自己実現はこんなレベルか」と，子どもが親をバカにする状況を作り出すことがある。

　そういった偏った捉え方ではなく，経済的目的，社会的目的を踏まえた視点から職業観を捉えなおす必要がある。

（2）生徒指導とキャリア教育の方向性

① 生徒指導の方向性

　生徒指導とは，問題が起こった時に指導をすることばかりではなく，生き方を指導することである。生徒指導とは，そもそもアメリカのガイダンス理論が日本に導入され，生徒一人一人の人格の健康な発達を助成するためになされる教育活動とされた。中学校および高等学校の学習指導要領には，「ガイダンスの機能の充実」が明記され，「現在および将来の生き方を考え行動する能力の育成」「進路などの選択・決定にかかわる能力や態度の育成」を示している（高橋 1999）。

　生徒指導提要（文部科学省 2010）においても，生徒指導とは，「一人一人の児童生徒の人格を尊重し，個性を図りながら，社会的資質や行動力を高めることを目指して行われる教育活動」と定義されている。「一人一人の児童生徒の人

格を尊重し，個性を図る」とは，自己実現を目指す個人（個性化）を示し，「社会的資質や行動力を高める」とは，社会づくりの担い手（社会化）を示している。以上を鑑みると，生徒指導の目指す方向性は，キャリア教育と同じといえる。

② キャリア教育の方向性

中央教育審議会答申（文部科学省 2011）によると，キャリア教育は「一人一人に社会的・職業的自立に向け，必要な基礎となる能力や態度を育てることを通してキャリア発達を促す教育」と定義されている。

三川（2014）は，定義を実践レベルでまで考慮し，「キャリア教育とは，子どもや若者の社会的・職業的な自立に向けて，一人一人のキャリアを形成するために，必要な能力や態度を育てることを通してキャリア発達を促す教育であり，発達段階に沿った計画的・組織的な学習プログラムを基礎に，個別対応を重視したキャリア・カウンセリングを活用して，体験的活動などを中心としたさまざまな教育活動の中で展開される」という概念規定をした。

以上を鑑みると，生徒指導とキャリア教育の方向性は一致している

3 キャリア教育の具体的なプログラム

「キャリア教育の推進に関する総合的調査研究協力者会議」（文部科学省，2004年）では，キャリア教育とは，「キャリアが子どもたちの発達段階やその発達課題の達成と深くかかわりながら，段階を追って発達していくことを踏まえ，子どもたちの全人的な成長・発達を促す視点に立った取り組みを積極的に進めることである。」と規定している。このように，キャリア教育では，子どもの発達段階を踏まえた推進が求められている。

文部科学省がキャリア教育で育成を目指す4つの領域は，「人間関係形成能力」「情報活用能力」「将来設計能力」「意志決定能力」である。具体的な指導内容を述べる。

「意志決定能力」の領域には，さらに「選択領域」「課題解決領域」がある。

学校では，係活動・行事などで，責任をもってやり遂げることを指導している。日常の係活動・委員活動でうまくいかないことがあっても，そこから逃げないでやり遂げることを体験させる。学校祭・合唱コンクールなどの行事では，計画を立て仲間と協力して成し遂げることを指導する。苦労しながら達成した時の喜びを体験させる。このような取り組みが，自分に与えられた仕事に責任を持って成し遂げる力，「課題達成能力」を育成するのである。つまり，学校での日常の係活動や行事における生徒指導と，キャリア教育で目指す能力の方向性が一致している。

キャリア教育のプログラムは，小学校～高校まで，教育課程や年間の活動計画に位置付けることである。キャリア教育の具体的なプログラムは，①「コミュニケーション能力，対人スキルなどの基礎的な能力養成」，②「自分の将来像の内省」，③「職業体験を中心としたキャリア疑似体験」，④「ゲスト・ティーチャーによるモデリング」⑤「異年齢交流などのピア・サポート」などのプログラムがある。

キャリア教育の具現化では，発達段階を踏まえた，構成的グループエンカウンター（Structured Group Encounter：以下SGE）やピア・サポート，社会性と情動の学習の学習プログラム（Social and Emotional Learning：以下SEL）などの「子どもが体験できるプログラム」を併用すると効果的である。たとえば，学級の仲間から長所を教えてもらうエクササイズや，カードゲーム，楽しいワークシートを活用すれば，自己肯定感を高めながら「自分の長所」を確認できる。キャリアとは人生そのものである。幸せな人生を送るためには，学力以外にも「人間関係をつくる力」「ねばり強くコツコツ努力できる力」「現実の課題・問題に向き合う力」「新しい発想ができる力」「偶然の出会いをチャンスにできる力」などが必要である。これらの力は，総称して「生きる力」とも呼べる。

家庭の教育力，地域の教育力の低下が叫ばれている今，これらの力を学校教育で習得させるキャリア教育が求められている。

4 生き方指導，人づくりのキャリア教育

　本章では，生徒指導を問題行動へ対応の狭義ではなく，SGE，ピア・サポートなどを活用した「生き方指導」「人づくり」の広義の対応で示している。

（1）小学生へのプログラム

　小学校からのキャリア教育では，キャリア形成に必要な基礎力を身に着けることが肝要である。諸富（2007）は，小学校からのキャリア教育の必要性を述べ，具体的には職業生活を営んでいくために必要な「良好な人間関係つくる力」，「責任をもって係活動をやり遂げる力」，「一つのことに集中する力」などを育成することが望ましいという。これらの育成には，SGE，ピア・サポート，SEL のなどのプログラムが有効である。

　たとえば「良好な人間関係つくる力」の育成には，帰りの会の「ほめほめタイム」「ありがとうタイム」など，お互いのよさを認め合うプログラムが効果的である。他にも，「友だちのよさ見つけカード」「友達発見インタビュー」など，自分は友だちの良さをどのように見つけているのかを振り返るプログラムもある（諸富 2007）。これらのプログラムの実施により，友だちとのふれあいを通し，自己肯定感を高めることができる。

　配慮事項として，特定の子どもばかりによい評価が集中し，逆にまったく評価してもらえない子どもがいる場合は，教師の十分な気配りが必要となる。

（2）中学生へのプログラム

　中学生に実施するキャリア教育は，〈内省〉と〈活動〉の両面が必要である。
〈内省〉では，「自分はどんな仕事に就きたいのか」「10年後，20年後はどんな自分になっていたいのか」自問自答する時間が必要である。総合的な学習の時間などを活用し，自分の興味のある職業を選択したり，自分の価値観を発見できるワークシートを使用するなどして，自分の将来像・未来像をイメージ化させる。これらの取り組みにより，自分のキャリアアンカーが明確化され，自

分のキャリアデザインが作られるのである。

　しかし，キャリアデザインには柔軟性が必要である。あまりにも先々の将来設計までがんじがらめにし過ぎると，一部の子どもは不安になる場合があるため，配慮が必要である。

　〈活動〉では，職業体験を中心としたキャリア体験・ゲストティーチャーなどにより，モデル像を提示し子どもたちの夢に刺激を与える。中学生のキャリア教育では，進路選択と絡めて「将来，自分は何をしたいのか」「なぜ働くのか」「働くことで何を実現したいのか」「社会の中でどんな価値を実現したいのか」などのキャリアアンカーを意識させる必要がある。

（3）高校生へのプログラム

　高校生に実施するキャリア教育では，具体的かつ現実的なキャリアデザイン作成をしていく必要がある。

　高校生は，自我の確立で揺れ動いている不安定な時期であるが，内省により自分を見つめ，生き方を選択し，生き方の方向性を自己決定していく大切な時期でもある。「好きなことは何か（職業興味）」「したいことは何か（欲求・価値観）」「できることは何か（能力）」を〈内省〉していき，〈活動〉を経て自分の個性を自覚した上での職業とのマッチングをする必要がある。

　〈内省〉では，NHKで放映された「プロジェクトX」などを活用した人生のモデリングづくり，自分の生き方を振り返り，将来をイメージする人生曲線などを実施する。特に，高校では人生を職業生活と個人生活の両面でとらえていき，そのなかで就職，結婚，子育てなども，考える場面も必要である。

　〈活動〉では，職業体験・ゲストティーチャー説明会の企画・運営を高校生が中心となり実施する。高校では，キャリアアンカーやキャリアデザインの内省だけでは不十分である。体験を通して，自分には何が向いているのか，発見させることが肝要である。

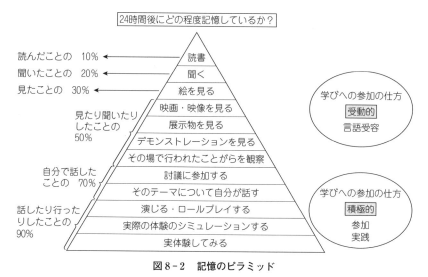

図8-2 記憶のピラミッド

(出所) Dale, E. (1969).

5 体験型のキャリア教育の必要性

　図8-2は，エドガー・デール (1969) による「24時間後に，どの程度記憶しているか？」を示している。

　24時間後に残っている記憶は，読んだことは10％，聞いたことは20％であるのに対し，実体験は90％となっている。つまり，キャリア教育における職業体験およびさまざまな体験的な活動は，子どもへの影響力が大きいと予想され，必須のプログラムといえる。

(1) モデリング教材の活用

　キャリア教育において，モデリングは重要である。

　素敵な人生を歩んでいる人は，「こんな人になりたいな」「こんな仕事をしてみたいな」と思える，人生の方向性を決めるきっかけとなった出会いがある場合が多い。筆者は，教員を目指す学生に対し「どうして教師になろうと思った

か」をアンケートしたことがある。すると，多くの場合，小・中・高校時代に素敵な教師と出会っており「生徒指導で厳しかったけど，悩んでいた時じっくり話を聴いてくれた」「いじめられた時に，時間をかけて解決してくれた」「学校祭で，私たち生徒と一緒に活動してくれた」など理由はさまざまであるものの，出会った教師からのモデリングがあった。

　キャリア教育においてのモデリングでは，生徒のモデルになる人との出会いを，意図的に出現させる目的がある。具体的には，総合的な学習の時間や道徳の授業で，偉人・スポーツ選手・有名人の生き方をテレビ・DVD・画像を用いて，「さまざまな困難から逃げずに対峙し，苦労して乗り越えていく生き方」を伝える方法がある。

　テレビ・DVDをただ視聴するのではなく，その後，グループで感想を述べ合い，全体でシェアリングするとさらに効果的である。

（2）サイコエジュケーション（心理教育）

　サイコエジュケーションとは，心理教育と呼ばれる思考や行動の教育である。レクシャー（講義法），視聴覚教材，ワークシート，ロールプレイなどを活用して学んでいく。「将来，どんな人はなりたいかのか」「どんな職業に就きたいのか」など将来のライフプランを考えさせる。

　従来の進路指導では，「自分はどんな価値観を大切にしているのかを書きなさい」というワークシートを用いて，キャリアアンカーの意識化させる取り組みをしていたが，自己肯定感が低く将来の夢を描けない子どもは苦慮することもあった。そこで，ワークシート，インタビュー，カードゲームを活用したサイコエジュケーションで，友だちと交流をすることにより，段階を踏んで楽しくキャリアアンカーを考えることができる取り組みが必要である。

（3）小中連携・異学年交流によるピア・サポート

　小学校と中学校とが連携したピア・サポートの実践報告が増えてきている。
　実施内容は，中学生が小学生に対し，ワークシートを活用し九九を教えたり，プール学習や遠足をサポートしたり，入学準備として中学生が小学校6年生を

対象に説明会を開くなどである。小学生は「中学生はかっこいいな」「早く中学生になりたいな」と，感じることでモデリング効果があり，中学生にとっても自己成長を促す効果があると報告されている。

異学年交流では，小学校では6年生が1年生の体育のサポートをしたり，中学3年生が中学1年生の学習サポートをしたりすることも，モデリング効果がある。これらのピア・サポート実践も，キャリア教育の一環として位置づけることができる。

（4）インタビューを通したキャリア教育

文部科学省は，キャリア教育で育成を目指す能力に「意志決定能力」「人間関係形成能力」「情報活用能力」「将来設計能力」の4つを挙げているが，職業インタビューを通すことで，これらの能力を育成することが可能である。

たとえば，生徒が街にでて，さまざまな職業の人にインタビューし，それをまとめ発表する実践を行う場合，まずインタビューでは，「いつ・どこで・だれが・何について・なぜインタビューするか」を決める必要がある。これにより「意志決定能力」が養われ，実際のインタビューでは，あいさつ，自己紹介，インタビューの目的などを相手に伝える「人間関係形成能力」が養われる。

その後，インタビューで聞いた事柄をまとめ，わかりやすいプレゼンテーションを試みることで「情報活用能力」養われ，これらの活動全体を通して，キャリアモデルを獲得することで「将来設計能力」を養うことができる。

その他のキャリア教育でも同様に，今まで実施してきた進路指導の取組を，4つの能力の視点から組み立て直し，具体的な行動化を図ることが可能である。

（5）ゲストティーチャー

ゲストティーチャーでは，さまざまな職業の方々に来ていただき，それぞれの人生を語ってもらうことで，勤労の価値や仕事によって人は成長することを学ぶことを目的としている。

まず，「どのような職業の話を聞きたいのか」を生徒自身がアンケートを作成・実施・集計し，ゲストティーチャー候補を決める。その後，生徒はゲスト

ティーチャーへの依頼の電話連絡をする。電話連絡に関しては，教師から事前にゲストティーチャーに連絡をしておき段どりを整えるが，当日は司会進行・ゲストの案内・お茶出し，接待までを生徒たち自身が担当する。こうすることで，日常の基本的な生活態度である，あいさつ，言葉づかい，時間管理力，人前で話す力が向上する。

　ゲストティーチャーは，中学校を卒業した先輩でも効果があるため，進学校に入学した先輩，工業高校に進んだ先輩，中学校卒業後すぐに就職した先輩など，さまざまな卒業生を招くとよいだろう。

　高校説明会で，高校教師を中学校に来ていただく場合も，ゲストティーチャーの時と同様に司会進行，案内などをさせる。中学生はかなりの緊張感をもって取り組みが，進路の自覚も高まる。

6 職場体験

　女子に人気がある職場体験の一つに保育園・幼稚園がある。自分が一生懸命かかわった子どもたちから「お姉ちゃん，ありがとう。また来てね。」といわれることで自己肯定感が高まり，園児たちの笑顔が，自分の喜びとなる体験を経験するのである。元々教師を目指していた大学生でも，教育実習に行ってはじめて「本気で教師になりたい」と考える学生もいる。このように，職場体験では，体を通して全力でぶつかることにより学びを得るのである。

　職業体験は，全国で実施されているキャリア教育のひとつである。

　兵庫県では，平成10年より「トライやるウィーク」が実施され，中学2年生が班にわかれ，1週間の職業体験に取り組んでいる。富山県では，平成13年より「14歳の挑戦」が実施され，県内全中学校が5日間の職業体験に取り組んでいる。これらの実践から職業体験は5日間は必要と思われる。高校では，インターンシップと絡めて実施しているところもある。

　働くことの喜びを実感することが，意欲を高めることになり，学力向上にもつながる。最初はあまり関心がない分野でも，地道に取り組むと，案外自分に向いていたり，思わぬ才能が開花することもある。

次に職業体験で生徒指導する具体的な方法を述べる。

(1) 生徒自身で体験場所を探す

訪問先選び，企業へのアポイント，企業訪問までを生徒自身が行うことが重要である。初めは，電話の対応やメール，手紙の書き方もうまくいかないが，取り組んでいる過程で次第に身に付いていく。

生徒がアポイントをとる前に，教師からその企業に事前の電話連絡をしておくが，「忙しくて，職業体験に対応している暇はない」「不況でそんな余裕はない」とその時点で断られた場合でも，「電話をした中学生に，そのことをそのまま伝えてくれませんか」とお願いする。このような体験は，現実の厳しさ，勤労の尊さ，金銭を獲得することの大変さを学ぶ機会となる。

(2) 生徒が企業からの評価を受ける

職業体験に参加した中学生・高校生に対して，企業側から評価をしてもらう。評価ポイントは①「あいさつはできているか」，②「時間を守っているか」，③「声は大きいか」，④「わからないことに対しては質問をしているか」の4点をＡＢＣの3段階で評価し生徒にフィードバックする。企業からの評価は③④が低いことがあり，これらの取り組みはコミュニケーション能力の育成になる。

(3) 職業体験による，地域とのネットワークづくり

職場体験では，受け入れ先の企業の確保が大変である。PTAや地域の父親で構成させている，「おやじの会」などとの連携で，地域の受け入れ先を探すことも大切である。保護者が勤務している，地域のスーパー，コンビニ，美容室，幼稚園，工場，花屋さん，ケーキ屋さん，自動車会社などとの連携は，学校と地域の連携を深め，結果として，地域で学校を応援する力となる。

生徒指導場面でも，公園でたむろしている生徒がいた場合に，地域の方が声をかけてくれるようにもなる。

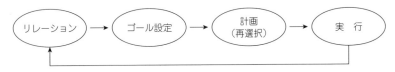

図8-3　選択理論の進め方

7　進路相談と生徒指導

(1) 選択理論

　カウンセリングのひとつである選択理論は，進路指導と生徒指導で最も有効な技法である。選択理論では人生は選択の束であり，よりよい選択をすることが必要という。進学・就職・結婚などは自らが選択したものであるが，それと同様に不登校・非行・引きこもり・ニートもさまざまな選択肢の中から自ら選択してなっていると考える。

　しかし，自分の選択した行動であっても，社会に対して適応できずストレス反応・身体反応を引き起こす場合があるため，教師による「社会的に承認できるよりよい選択のための支援」が必要である。

　選択理論では，人間の行動は自らが選択したものであり，「～によって不幸にさせられた」のではなく「自分で不幸な道を選んだのである」と考える。自分の人生の主人公は自分なのである。

　生徒自身が，過去・他人・環境・親・性格・年齢などのせいにする「言い訳」や，そうしなければならない「こだわり」から離れ，どうして問題のある「選択」をしていたかに気づくことが重要である。

　そして，過去がどうであろうとも，本来の自己イメージの「理想や願望（ゴール）」を鮮明にして，効果的な行動を「再選択」する必要があり，教師は生徒が「再選択」できる情報を与えることでそのサポートをする。

　選択理論の進め方は，次の通りである（図8-3）。

　ここでは，進路相談場面を想定している。

　① リレーションとは，子どもと教師の信頼関係のことで，進路相談を進

める土台となる。
② ゴール設定では，生徒がどのようになりたいのかを，丁寧に聴く。「○○高校に入りたい」「勉強のやる気がでるようにしたい」「不登校を直したい」など，ゴールや解決像のイメージを持たせる。次に，もしゴールに到達できたらしたいこと，たとえば「○○高校に合格したら，部活動にも入って友達もたくさん作りたい」などの夢を語らせるのである。
③ 計画（再選択）では，「ゴールに到達するためにはどうしたらいいのかを一緒に考えてみよう」と問いかける。小さな変化が大きな変化となることを伝え，始めはどんなに小さな取り組みでもいいことを伝える。「数学の計算問題を，毎日2問解く。それなら，机に向かえるかも」などの生徒の発言に対して，ポジティブなフィードバックをしていく。そのようにして小さな変化を応援していくが，子どもから再選択の案がでない場合は，教師がヒントを出してもよい。そして，次回の面接の予定を確認する。
④ 実行では，再選択した計画を進めていく。次回の面接では，また①からスタートする。

選択理論では，子どもの過去や生育歴，無意識の葛藤などを，それほど重要視しない。生育歴・無意識の葛藤によって生徒が問題行動をしたからといって，そのことに言及していても，問題は改善されないからである。現在の自分の行動を評価し，よりよい行動を再選択することを求める。つまり，「過去の生育歴や無意識の葛藤のために，問題行動を起こした」という言い訳をさせないのである。いたずらに相手に寛容にならず，厳しさと包容力を備えたカウンセリング技法であり，学校教師に最も向いているスタイルの一つである。

（2）進路相談・生徒指導の実例「非行生徒の高校見学」

筆者が中学教師をしていた時，喫煙・万引・暴力行為・オートバイ窃盗を繰り返す中学生がいた。学校では，彼の生徒指導をどうするかを大きな課題であ

った。中学校3年生になり，高校訪問の時期が近づいてきたが，「俺に行ける高校なんてないよ…」と話が進まない。そこで筆者は，定時制高校のパンフレットをそっと彼に差し出した。そのパンフレットには，機械科生徒がバイクのエンジンを解体している写真が掲載されており，バイクへの関心が強かった彼の目が，ほんの少し動いた。結果的に彼は，その定時制高校機械科の高校訪問に行くことになったが，その時だけは，ネクタイの緩みも腰まで下がっていたスボンも，彼なりに改善していた。

　定時制高校機械科での授業見学内容は，バイクのエンジンを解体して，また組み立て，エンジンを動かす授業であった。彼は授業後の説明会で，その高校教師に「（高校に）入るの，難しいんですか」と聞いた。教師は「大丈夫だよ，今から頑張れ。ただし，面接重視だから，挨拶，言葉遣い，服装をしっかりしてください。」と答えた。更に個別に，高校生活や授業の魅力までも指導してくれた。彼の高校説明会の参加に際して，中学校教師が陰で何度も，高校側と打ち合わせをしていたのである。彼はその高校に進学し，今は自動車の整備工場で働いている。

　非行・不登校の生徒をはじめ，どんな生徒も高校に進学したいのである。しかし，「高校に行くことができない」「もう高校は無理だ」と，彼ら自身が感じた時から，授業の動機づけはなくなり，荒れが加速する。教師はどんな生徒にも，進路指導で夢を与えることが必要である。彼らの心が揺さぶられた時，彼らは自らの進路に向かって歩み始みはじめる。

（3）偶然の出会いをキャリア・人生に生かす

　読者の皆様は，子どもの頃に抱いていた職業に就いているのだろうか。キャリアでは生きる力が試されている。我々も人生において，さまざまな出会いをして今に至る。偶然に多くの人々に出会っているが，多くの人は通り過ぎていく。偶然の中にいかに必然性を求めるかである。その出会いや出来事に意味を感じ，自らの生き方に生かしていくことがキャリア形成には必要である。真のキャリアとは，自分の人生の意味を考え，自分の存在に意味を感じ，命の使い方，つまり，ミッションを遂行することであろう。

参考文献

キャンベル／ダビア，中野良顕訳（2006）『スクールカウンセリングスタンダード——アメリカのスクールカウンセリングプログラム国家基準』図書文化．

Dale, E. (1969) *The Cone of Experience. Chapter 4 in Audiovisual methods in Audiovisual methods in Teaching*, 3rd ed., 107-135, Hinsdale, IL: The Dryden press.

石隈利紀（1999）『学校心理学——教師・スクールカウンセラー・保護者のチーム支援による心理教育的援助サービス』誠信書房．

小杉礼子編（2005）『フリーターとニート』勁草書房．

三川旬樹（2014）『キャリア教育と学校教育相談との異同』日本教育心理学会第56回総会発表論文集．

宮田敬一編，金山健一ほか（2006）『軽度発達障害へのブリーフセラピー——効果的な特別支援教育の構築のために』金剛出版．

文部科学省（2004）『若者の自立・挑戦のアクションプラン』．

文部科学省（2004）『キャリア教育の推進に関する総合的調査研究協力者会議』．

文部科学省（2010）『生徒指導提要』教育図書．

文部科学省（2011）『初等中等教育と高等教育との接続の改善について』中央教育審議会答申．

諸富祥彦（2007）『7つの力を育てるキャリア教育』図書文化．

内閣府（2014）『平成26年版　子ども・若者白書』．

高橋哲夫（1999）『いま，なぜ「ガイダンスの機能の充実」なのか　特集「新学習指導要領」を考える』教育研究所紀要，第8号，文教大学付属教育研究所．

（金山健一）

第9章

進路適性と進路選択

　本章では，児童生徒が来るべき社会の形成者として活躍する際，進路選択に際して必要となる視点（生涯を通した進路選択の視点，歴史に謙虚に学ぶ視点）を述べる。職業観の形成には性急さは禁物であり，多角的で人間生活を考慮した豊かな視点も求められるため，西洋の職業観と日本の職業観に貢献した人々の考えを学ぶ。また人間発達と職業観形成への関係を概観し，最終的に進路選択についてその前後する概念（職業（進路）に関する意識，進路選択（達成），充実の観点）から述べ，進路指導の参考とすべき視点を提供したい。

1　進路を考える——人間と職業

　人生80年とよくいわれるが，われわれ人間に課せられた出来事を考えてみると，一般に誕生から始まり教育期間を経て就職，退職，老後という大きな枠組みでとらえることができる。その間にも，成人式や結婚，出産，疾病，死などの人生の重要な契機を入れることもあるだろう。もちろん，上記の出来事の一部は人生において必ず発生するものではなく，さまざまな理由や価値観の相違に応じて生じないということもある。またそれらは社会学や文化人類学等においては，通過儀礼として考えられているものもある。

　ところで，多くの出来事をはらむ人生において職業はどのような意味を持っているのであろうか。そこにおいて占める職業の比重（一般に働くことが可能な期間）は生涯のなかにおいても，時間上，約半分を占めているといっても良いかもしれない。たとえば大学に進学し卒業後すぐに就職した時点（22～3歳

前後）から定年（60歳）までを考えてみると職業生活は人生の大部分を占めていることが理解できる。もちろん，中学，高校卒業後に就職をする場合や逆に大学院や他大学や専門学校，留学を経る場合で就職時期が遅れる場合，雇用形態も常勤，期限付き，パートタイム等，多様化し，就職時期についても，この想定に該当しないパターン（自営業の場合，学校卒業後スムーズに就職できないパターン，正規採用としてではなくアルバイトや有期期限付き採用などの場合，定年を迎えるまでに退職する場合など）も当然考えられる。

「職業は生活のバックボーンである」（ニーチェ）といわれているように，何等かの理由で働くことのできない場合を除き，多くの人々は労働を抜きにして生活は成り立たない。そこには経済的活動としての職業の存在があり，このことによって生活設計を立て運営してゆく人々がほとんどである。この前提に立つならば，職業とは経済的活動と密接に関係し，生活の大部分を構成するということができる。そうであるならば，誰もが共通して考えなければならない問題が人生と職業の問題ということになる。また職業が経済的財を獲得するための主な手段としてあるだけではなく，自らの職業観や価値観の確立手段としての役割や，その職業が社会において有効に作用を及ぼす社会的役割，文化的役割を担うこともあるだけに，生きるための経済的財を獲得するためだけの職業観という認識は，限定的で狭い概念であるといえるであろう。

さて私たちは，いつ職業についての認識を形作り，それに向けての努力をしはじめるのだろうか。子どもに将来なりたい職業を問うアンケートというものが存在する（第10章第3節参照）。実際に特定の職業に就くことができるかどうかは，本人側の適性や努力も大きな要因であるが，職業人口の規模をはじめ，募集人数や必要とする資格，必要とされる専門性や適性などの要因も大きく影響している。また選考方法も職によって異なり，募集情報や職業形態についての情報すら不明瞭なものも存在し，将来の職業観の確立を目指す子どもたちにとって必要とされる内容は多岐にわたっている。以下では，これまでのどのような職業理念が歴史的に主張され，触れられてきたかについてみてみることで，職業と人間（生活）とのかかわりについて認識を深め，職業観の形成を念頭に論を展開してゆきたい。

2 これまでどのような職業理念が主張されてきたか

さて，これまでの歴史において職業がどのように示され主張されてきたかについて，簡単に取り上げてみることとする。

（1）日本の場合

日本の場合，奈良時代の『万葉集』において防人（さきもり）の歌が見られ強制的に労働に強いられたことが知られている。もちろん，これは国家によって労働の義務が課せられ，住居地（多くは東国の人々といわれている）を離れて遠方（九州や壱岐・対馬）の地での労働義務が存在したことも知られている。また「冠位十二階」のように官僚制度についても定められており，定員が限られたもので，すべて希望者がその職に就けるというものでもなかった。『有職故実』によれば，官職（官制による職階）に限ってみても，役所に応じて長官（ちょうがん），次官（しかん），判官（がん），主典（しゅてん）に分けられ，時代に応じた職階のシステムが決定されていたことがわかる。中世においては，『月次風俗図屏風（つきなみふうぞくずびょうぶ）』や「洛中洛外図屏風」などにおいて，茶売り，素麺売り，紺（こう）かき［染め職人］など職人や商人，農民などが描き出されている（中西ほか 2010：45）。

能の大成者観阿弥・世阿弥の親子の説く理論は，芸道のみならず，職業人の育成の書としても読み込むことのできる内容である。『風姿花伝』によれば，学びの段階を花の成長にたとえ7段階（7歳〜，12・13歳〜，17・18歳〜，24・25歳〜，34・35歳〜，44・45歳〜，50有余〜）に分け，現代でいう発達段階に応じた教育内容の目安を論じている。40歳頃までに有名にならなければ，芸道の道を歩む上で能を極めたことにはならないという（「上がるは三十四五までの頃，下がるは四十以来なり。返すがえす，この頃天下の許されを得ずば，能を極めたりとは思ふべからず」）厳しい芸道の在り方（職業観）を示している。また『風姿花伝』の冒頭近くにおいては回避すべき3つのもの（好色，博奕（ばくえき），大酒）などを挙げ，稽古は一所懸命行うことを説き，慢心による頑迷を慎むことを指摘している。

室町時代から江戸時代にかけて，庶民のための教育機関として寺子屋が作られたが，寺子屋では寺子と呼ばれる子どもが一人前になるため，あるいは専門の職業へと進んでゆくための準備教育を行った。子どもたちは最初はいろは，数字に始まる文字の勉学，十干十二支，町名村名，名頭，国尽などを学んだ。また3R's（スリーアールズ）と呼ばれる「読み」「書き」「そろばん」の3つの教育内容を習得し，往来物と呼ばれる教科書へと進んだ。この往来物の往来とは，元々，手紙の意味で，各種の職業やテーマに即した往来物が出版され，教育的に活用された。この往来物こそが，教育と職業への橋渡しをするものでもあった。代表的な往来物には「百姓往来」「諸職往来」「番匠往来」「農業往来」「庭訓往来」などがある。

　また徒弟制度と呼ばれる修業制度があり，家計の状態によって（主に長男以外）は，男子は親方の家元に，女子は女中奉公に修業に出かけた。このため，教育制度の確立とともに，職業への導入が確立されていくとともに，人生の初期の段階において，職業へと到る準備期間に教育が活用されてきたことが理解できる。また口承や口伝といった文字によらない職業内容の伝達や教育もあった。弟子達は，身体を通して職業内容を身に付ける必要性があった。

　江戸時代の年中行事を絵画とともに述べた書である菊池貴一郎著『絵本江戸風俗往来』（東洋文庫，1976年）には，七月の「藪入りの丁稚」の項において以下のような記述がみられる（pp. 147-8）。藪入りとは，正月と盆休みに奉公に出た人々が，主人から暇を得て里や実家に帰ることをいう。

　　　江戸にては工商とも十カ年の年期にて奉公を勤め，工なればその年期中に職業を覚え，一人前の職人となる。商なれば十カ年の年期中に商業を覚えて商人となる。工商とも，歳十二，三より奉公に出れば，皆前髪ありて若衆髷に結いたり。これを小僧と唱え，十六，七歳に及び前髪を剃り落し野郎となる。これを若い衆という。商人は三十歳以上にして番頭となり，主店を取りしまる。

　このように近代学校の成立以前においては，奉公制度が教育的意義，就職指導的意義を兼ね備えていたということが理解できる。

明治期に入ると，近代国家の樹立を目指して，欧米の社会理念を導入し，富国強兵，殖産興業を合い言葉に，重工業を中心として近代産業社会が目指された。官営の八幡製鉄所は1901年に設立され，国内の製鉄生産の8割を占めたと言われている。また八幡製鉄所にも石炭を供給した筑豊炭田（ちくほうたんでん）について，山本作兵衛が描く炭鉱記録画は世界記録遺産となったが，これは労働者の過酷な労働状況が視覚的に描き出された貴重な作品である。また当時は，綿花を輸入し，それを加工して綿糸（めんし）や綿織物を輸出して，日本の紡績業を振興させた。

　産業社会の発展と国家主義の展開にともなって，労働者としての人を描き出した代表的作品がいくつか存在する。細井和喜蔵著の『女工哀史』（1925年刊）は，大正時代の紡績業界における女子労働者の悲惨な状況を描き出した作品として有名であり，小林多喜二著の『蟹工船』（1929年発表）は，北方の荒海での過酷な船員としての雇用労働者の状況を資本家と労働者との対立によって描き出している。

　終戦後，日本は民主主義国家の建設を目指し，個人主義が広く浸透することとなる。GHQ（連合国軍総司令部）は五大改革指令を命じ，婦人解放，労働組合結成，教育自由化，圧政的諸制度廃止，経済民主化の各改革を指令した。特に労働者問題はしばしば大きな社会問題となった。

　現在においても，日本では，学校教育の目的のなかに，社会の形成者としての側面とともに，将来の進路や職業を確立することが法的に定義づけされている（教育基本法や学校教育法）。また主要な教育機関である学校の位置づけをめぐり，何を教えるべきかをめぐって，教養を中心とするカリキュラムと社会生活や職業を意図した実際的教育を中心とするカリキュラムとの対立ともいえる議論が存在している。

　ここで職業観を考察する際に，有益と思われる2人の職業観を紹介する。一人目は，近代の日本の社会に影響を及ぼした福沢諭吉の『学問のすすめ』の紹介である。二人目は，奈良の伝統建築の棟梁西岡常一の宮細工の生活からの引用である。

① 福沢諭吉：近代日本の教育観と職業観の理論的貢献

　福沢諭吉（1834〜1901）は，江戸末期から明治初年にかけて活躍した啓蒙思想家で，近代日本の社会形成に大きな影響力を及ぼした人物の一人である。彼は中津藩の下級藩士の子として生まれ，長崎に学び後に大坂の適塾で蘭学を学んだ。彼の思想の特徴としては，実学を重視したこと，教育による自立を促したこと，また西洋の合理主義思想を，教育を通して社会に取り入れ，旧態依然とした封建的な価値観を破棄し去るべきであることを主張した。よって，彼の思想は独立自尊としても特徴づけられている。彼の代表作『学問のすすめ』，『文明論之概略』は，日本の近代教育思想の理論的源泉ともいうべき数多くの問題提起がなされており，彼の主張する学問観や教育観，ひいては職業観も垣間見ることができる。

　『学問のすすめ』の冒頭の言葉「天は人の上に人を造らず人の下に人を造らずと言えり」（p. 11）はあまりにも有名で万人平等の思想を述べたものである。続く文章の中に，「今広くこの人間世界を見渡すに，かしこき人あり，おろかなる人あり，貧しきもあり，富めるもあり，貴人もあり，下人もありて，その有様雲と泥との相違あるに似たるは何ぞや。その次第甚だ明らかなり。」（p. 11）と述べ，「賢人と愚人との別は，学ぶと学ばざるとに由って出来るものなり。」（p. 11）と教育の有無が人物のあり方を規定すると述べている。続いて「世の中にむつかしき仕事もあり，やすき仕事もあり。そのむつかしき仕事をする者を身分重き人と名づけ，やすき仕事をする者を身分軽き人という。すべて心を用い心配する仕事はむつかしくして，手足を用いる力役はやすし。」（pp. 11-12）と述べ，現在の言葉に置き換えるとすれば，大局的な観点から責任を伴う仕事と単純作業による仕事の相違の違いを指摘している。そしてこのような相違がなぜ生じるかといえば，「ただその人に学問の力あるとなきとに由ってその相違も出来たるのみにて，天より定めたる約束にあらず。」（p. 12）と述べている。そして「学問とは，ただむつかしき字を知り，解し難き古文を読み，和歌を楽しみ，詩を作るなど，世上に実のなき文学を言うにあらず。〜中略〜されば今かかる実なき学問は先ず次ぎにし，専ら勤むべきは人間普通日用に近き実学なり。」（p. 12）と述べ，文字，手紙，会計（帳合い），算数（そろ

ばん),測定(天秤の取扱い)など,進んで勉強するべき内容は多いと述べている。

さらに,「学問をするには分限を知ること肝要なり」(p. 13)と述べ,人は自由ではあるものの,その自由を拡大解釈して我儘放蕩に陥ることの無いように諫めながら,能力や適性を知ることの重要性も述べている。

福沢にとって,こうした啓蒙活動[啓蒙とは「啓」とはひらく,「蒙」とはくらいの意,無知蒙昧な状態を啓発して教え導くこと(『広辞苑』)]を通した主張は,明治初期の当時の日本に課せられた課題をいち早く察知して,当時の人々が独立自尊を達成することこそ現に求められている解決方法であるとの認識に立った上でのことであった。そのために彼の独立自尊の主張は,教育の重要性を指摘し,学校制度の確立に大きな影響を及ぼすこととなったが,これは別の見方からすれば,明治初期の日本の学問観と職業観にも大きな影響を及ぼしたということができるのである。江戸時代までの教育内容では儒教道徳や仏教思想に基づくさまざまな徳目が主張されてきた。それは人格形成に大きな寄与をもたらすものであった。明治に入るとさらに明治政府による官製主導の教育理念の提唱と制度が形作られ,西欧の合理主義思想が流入し,合わせて近代的な職業観の形成へとつながった。そこでは近代産業社会の創設(富国強兵,殖産興業)のため,西欧流の官僚制度の確立,近代的教育制度(学校制度)の整備が目指された。福沢の学説は,学制の理念にも影響を与えたといわれ,功利主義的な教育観を流布させるのに役立った。福沢の実学を重視し官製の制度に距離を保ちながらとりわけ教育目的論に実用性という観点をもたらした点は,学歴社会の理論的根拠となり教育と職業の関係に大きな影響を及ぼすこととなった。ここに教育と職業との距離が一段と狭まり近づくこととなった。大学は,官僚養成や法律専門家,教員養成を専門とする学校も存在していた。学歴信仰の他に立身出世の理念的根拠を彼の思想においてみることができるのである。この考え方は,近代の日本社会の成立にとって非常に大きな意義をもっており,また教育観や職業観の確立や形成にも影響を及ぼしたと推定できるのである。

② 西岡常一『木に学べ』：宮大工の生活から職業に対する姿勢を知る

　以下の引用は，現代の学校教育が求める職業の適性や利益を追求する職業の精神とは異なると思われる部分もみられる。しかし，宮大工の生活と教育を知ることは，私たちが常識と考える合理的，科学的な職業観や技術論に対してある観点において反省を促し，相対化しうる視点を提供するものでもある。そこには職業そのものに対するこだわり，気遣い，心構え，準備，時間の運用の仕方，弟子たちに対する考え方などを垣間見ることができる。職業とは生きるための手段としての側面，特に経済的自立を得るための手段的要素が強調される傾向が強いことも事実ではあるが，しかし以下の西岡氏の述懐する内容から，そうした経済的手段としての職業という側面だけではなく，非常に広い職業に対する認識と人生と職業の一体化という側面をうかがい知ることができる。よって西岡常一の『木に学べ』のなかの一節から，宮大工の生活について少しばかり取り上げてみることとする。

　西岡常一は，1908年生まれの奈良県にある薬師寺宮大工棟梁である（1995年に亡くなっておられる）。朝6時半に起床し，煎茶を飲んで，ストレッチを行い，それから朝食を取る。10時頃に一服（小休憩）をし，昼食の後は一時間ほど休息する。翌日の仕事の準備（道具）は前日の仕事が終わってから揃えておくという。日課にもそれぞれ理由があり，職業と生活とが一体となっていることが理解できる。

　見習いの時代についても述べている。職人には見習いが付き，その見習いは小学校終了後，12～13歳ぐらいで見習いにきたという。また道具は親方よりもいいものを持たせてくれるという。「道具はいいものを持たせないと根性が入らない」からだという。そして「見習い期間は，仕事もおぼえながら心構え，礼儀ということも教わるんです。見習いに休憩はなしです。自分の親方の仕事だけでなしに，みんなの小間使いをするんです。昼飯のときは休息ですが，お茶をいれたり，あと片付けもするわけです。」(p. 158)。そして宮大工にまで残る人物は，ほとんどいなかったという。法隆寺で仕事をともにした大工のうち，宮大工にまでなった人は西岡氏だけだったという。また大工の長（棟梁）に至るまでの修行と日常生活についても触れられているが，職業人として自立しそ

の道の専門家となるための方法論をわかりやすい言葉と視点でもって述べている。「木を買わずに山を買え」など本質論に根ざす数多くの名言がある。

　西岡氏の職人人生を知ることを通して，人間性，規則性，職業経験の重要さ，職業的感性等が必要であることを具体的に学ぶことができる。

（2）西洋の場合

　西洋の場合，労働は，聖書においてまずは取り上げられている点が有名である。絵画の主題にもなっている「楽園追放」がある。旧約聖書によれば，アダムとイブが神の命令に背いたばかりに，楽園追放となるが，神はアダムに対しては労働の苦しみを，イブに対しては産みの苦しみを与えた。むろんこの考えは古い人間観が支配していた時代のこととして理解できるのであるが，人間はそれまでの永遠に保護された世界から現実の死すべき存在（土に帰る存在），労働すべき存在，子孫を育ててゆかねばならない存在へと変容する内容を通して，人間の宗教的な普遍的課題を教示する。そしてその間に働くということが，人間にとって期待され必須の事柄として表現される。

　古代ギリシアの文学世界において，ケイロンと呼ばれる医者にして教育者が，英雄アキレウスの教育係として早くも登場し，実際アキレウスがその師の教えである医術を実践している。これは専門的職業としての医師・教育者が存在したことを暗示している。古代ギリシアの詩人ヘシオドスは，『仕事と日』において，勤労の勤勉さ（農耕）の重要性について語っている。同じく古代ギリシアのソフィストと呼ばれる職業教師は，高額の金銭を有力者の子弟から得ることで，真理よりも相対的な知識を教授する職業として登場している。その他，政治家，商人，巫女（宗教家），詩人，官吏，石工，産婆，笛吹き，リュラ弾きに到るまでの職業が述べられている。身分制度（奴隷制）があったため，職業というよりは身分と連動した労働（召使，兵士）があったようである。哲学者アリストテレスは，代表的著作『形而上学』のなかで，指導的立場にある学を優遇し，その配下に置かれ個々の事物を知りはするものの全体を知らない立場をバナウソス（野蛮）なものとしてみなしていた（『形而上学』第1巻および三木清，『三木清全集第9巻』）。これは，棟梁的学問としての哲学の優位を説く

ものと理解できるが，現在の責任者に求められる在り方を想起させるものである。

　中世世界になると，ローマ・カトリックを中心としたキリスト教中心の社会が徐々に形成され，確固たる位置を占めるようになる。農民（農業），建築家，家具職人，装飾工，職人などの職業があった。その他，修道士という職業は，教育的にも重要である。彼らは，農作業，宗教活動，布教活動以外にも，写本活動や奉仕活動などを行っていた。

　ルネサンスの時代になると，三大発明（火薬，印刷術，羅針盤）にみられるように，技術革命が発生し，また天才と呼ばれる芸術家が登場する。当時一流の芸術家たちは，パトロンと呼ばれる保護者のもとで経済的にも身分的に保護されながら，自らの職業に専念することができた。また工房と呼ばれる作業所には，弟子たちが入所し，徒弟生活を送りながら共同して作品づくりに努めた。この点に職業教育の流れの原点が認められ，創造に対する情熱，性質の向上，美的な感覚の表象化がみられる。

　また宗教改革の時代には，特に新教徒の改革思想家たちによって，キリスト教における職命（独：Beruf，英vocation）に注目し重視する考え方が，職業教育や職業のあり方（職業倫理）に大きな影響を及ぼすこととなる。これは天職という職業に対する考え方（本来は神から職が与えられたという意味）として，特にプロテスタントの経済倫理に強く影響を及ぼしていたとの説を，宗教と資本主義の発展との関係から宗教社会学者マックス・ウェーバーが指摘している。

　18世紀から19世紀初めにかけて，啓蒙思想の時代が展開される。ドイツの代表的な啓蒙思想家カントは，理性の機能とその限界について指摘した。彼の主張する定言命法と仮言命法の主張は，道徳理念として有名ではあるが，人間が従事する職業について考察する場合，ある示唆を与えているようにも思われる。カントの主張する定言命法とは，無条件の道徳的命令のことであり，他方，仮言命法とは条件付きの道徳命令のことである。私たちは，労働というサービスを他者によって提供を受ける社会システムのなかで生きているが，ここに経済的財によるサービス提供に伴う問題を見て取ることはできないだろうか。例えば，人を賃金で雇う場合，その労働内容や労働範囲については法的な取り決め

はなされているものの，実際的場面においてお金を払っているのだから人格が否定されうる仕事までをもやってもらって当然という態度など，最近の労働問題との関係でカントの主張は職業倫理として「人をどのように取り扱うべきか」についての問題に関係し，人間の活動としての労働と経済との関係が倫理上の問題としては非常に難しいことをも示唆しているように思われる。

　近代の職業のあり方をめぐる議論の一つに，労働者としての立場をいかに確保するべきかという問題が挙げられる。19世紀には産業社会が発展し，資本家と労働者との関係が問題視された。特に，労働対象となる年齢の下限（子どもが労働の対象となる）の問題や労働時間の長期化の問題などが社会問題となった。チャールズ・ディケンズの『オリバー・ツイスト』においては貧しい状況の子どもが過酷な労働状態や社会階層の過酷さを伝えている。

　またマルクスは，資本家と労働者の関係を中心に，資本主義の構造が労働者の余剰労働［余剰価値］に大きく依存しており，資本家にとってはこれが儲けの原因の一部となり，労働者にとっては労働そのものには違いないものの過分な労働［ただ働き］が期待されており，賃金以上の労働生産性が儲けとなり，いわば余剰労働と考えた。また彼は資本家が労働者からこのような付加的な労働を儲けの手段とする考えを「搾取」と呼んで，資本家のあり方や資本主義の構造を問題視したのであった。

　ここで，西洋の職業観に大きな影響を与えた人物を一人紹介してみたい。

　アメリカの産業社会や職業倫理にも影響を及ぼしたベンジャミン・フランクリンの『フランクリン自伝』の紹介である。

　ベンジャミン・フランクリン（1706～90）は，アメリカの出版業者，政治家，文筆家である。彼は少年時代，8歳でラテン語学校に入学し，10歳で学校を辞めて父の職業を手伝うことになったという（12歳まで）。父の職業は染め物屋であったが，それだけでは経済的に苦しかったため，蝋燭の製造と石鹸の製造を行っていた。彼はその仕事よりも船乗りに憧れていた。幼いときから物覚えがよく，職業生活の時代においても常に向上心と学習意欲が盛んで，語学の勉強や「ジャントー」と呼ばれる勉強討論会を開いたりするなどした（p. 98）。実用という視点からも火災の原因となるような不慮の事故についての原因に関

する論文を記すことで予防策を提案 (p. 167) し，また街を清掃しなければならない課題に貧困に苦しむ人をあてがう（あっせんする）ことで問題を解決するなど，社会的視点からさまざまな取り組みを行った。彼のさまざまな実践のうち，職業に特に関係する理論的特徴として，十三徳の樹立と，「富に至る道」というエッセーが挙げられる。

　そのなかでも十三徳の樹立とは，フランクリンがこれまでの多くの思想家たちが提唱してきた徳目について，再考してみると結局は，以下の十三徳に纏めることができるという。フランクリンは「私はいかなる時にも過ちを犯さずに生活し，生まれながらの性癖や習慣や交友のために陥りがちな過ちは，すべて克服してしまいたいと思った」と述べている (p. 137)。そして利便性を考え，十三徳にまとめ上げたのである (pp. 137-8)。

　　第一　節制　飽くほど食うなかれ。酔うまで飲むなかれ。
　　第二　沈黙　自他に益なきことを語るなかれ。駄弁を弄するなかれ。
　　第三　規律　物はすべて所を定めて置くべし。仕事はすべて時を定めてなすべし。
　　第四　決断　なすべきことをなさんと決心すべき。決心したることは必ず実行すべし。
　　第五　節約　自他に益なきことに金銭を費やすなかれ。すなわち，浪費するなかれ。
　　第六　勤勉　時間を空費するなかれ。つねに何か益あることに従うべし。無用の行いはすべて断つべし。
　　第七　誠実　詐りを用いて人を害するなかれ。心事は無邪気に公正に保つべし。口に出だすこともまた然るべし。
　　第八　正義　他人の利益を傷つけ，あるいは与うべきを与えずして人に損害を及ぼすべからず。
　　第九　中庸　極端を避くべし。たとえ不法を受け，憤りに値すと思うとも，激怒を慎しむべし。
　　第十　清潔　身体，衣服，住居に不潔を黙認すべからず。
　　第十一　平静　小言，日常茶飯事，または避けがたき出来事に平静を失うな

かれ。
第十二　純潔　性交はもっぱら健康ないし子孫のためにのみ行い，これに耽りて頭脳を鈍らせ，身体を弱め，または自他の平安ないし信用を傷つけるがごときことあるべからず。
第十三　謙譲　イエスおよびソクラテスに見習うべし。

　以上のようにみてくると，職業的成功には，日常性と職業的生活とが大いに関係し，特に人間的善さが関係していることが理解でき，出生や経済的背景などは大きな要因としてとらえられてはおらず，性格形成の観点が重要視されていることが理解できる。人間力や社会的適応力，コミュニケーション能力などは，ほとんどの職業を行う際に求められ，このような現象は，人間活動の一部としての職業であることを改めて示すものであって，職業も人間活動の一部で取り扱われ考察されなければならないということでもある。その意味で，人間観に基づく進路指導・職業指導が重要であるといえる。

3　人間発達と進路適性

　進路適性について，人間発達との関係から考察してみることとしよう。
中国の思想家孔子（B.C. 551～B.C. 479）によれば，「吾れ十有五にして学に志す。三十にして立つ。四十にして惑わず。五十にして天命を知る。六十にして耳順う。七十にして心の欲する所に従って，矩を踰えず。」（為政第二）と述べている。訳は，「私は十五歳になったとき，学問をしようと決心し，三十歳になったとき，学問的に自立した。四十歳になると，自信ができて迷わなくなり，五十歳になると，天が自分に与えた使命をさとった。六十歳になると，自分と異なる意見を聞いても反発しなくなり，七十歳になると，欲望のままに行動しても，人としての規範をはずれることはなくなった」（井波 2012：2-3）。この孔子の説は，人生（そこでは職との言及はないものの）に対する節目節目にあるべき姿があり，それを達成することが一つの指標とされ，生涯を全うする理想的在り方が示されている。

また江戸時代の儒学者佐藤一斎（1772～1859）は「少くして学べば壮にして為すあり。壮にして学べば老いて衰えず。老いて学べば死して朽ちず。」（『言志晩録』）と述べ，学びある生が人生そのものを確立することを指摘し，生涯教育の理念を提唱している。この佐藤一斎の説は，人生（ここでも職への言及はないものの）を確立するため教育は必須であることを主張している。

　教育心理学の世界において，ハヴィガーストは人生における発達の観点から，各段階に課せられた課題を果たすべく，その発達課題の例を挙げている。それによれば，発達課題とは，「個人の生涯の一定の時期においておこるもので，この課題をりっぱに果たせば，個人に幸福をもたらし，のちの課題も正しく果たせるが，もしこの課題を遂行することに失敗するならば，個人に不幸をもたらし，社会からも承認されず，のちの課題を果たすのも困難になるものである」と定義づけられている。そして乳幼児期を経て，児童期においては，「成長する生活体としての自己に対する健全な態度の養成」「同年齢の友だちと仲よくすることの学習」や，「人格の独立性を達成すること」「社会的集団ならびに諸機関に対する態度を発達させること」を挙げている。さらに青年期においては，「経済的独立に関する自信の確立」「職業の選択および準備」「結婚と家庭生活の準備」「市民的素質に必要な知的技能と概念を発達させること」などを挙げている（以上，北尾ほか 2001：6-7.）。

　以上のように，人生にはあるべきめやす・到達目標が存在し，来るべき課題に対応することの可能な計画が存在しているということがいえるのではないだろうか。特に人生における幼少期から青年期にかけての時期に，学ぶべき課題が考えられており，これは人間を人間とするものであって私たちは何となく生きるというのではなく，さらに積極的な言い方をすれば，地域からの期待や社会からの期待，また，家庭からの期待があって，目的的な生涯の設計のなかで，職業や社会参加に対する認識やそのための準備のための教育が施されていることが理解できる。そして職業観の確立のため将来の自己への形成の時期と積極的なそれへのかかわりを通して，職業観の確立のみならず，さまざまな能力や発達が身に付けることができるよう求められている。

　そのため学校教育では，幼少期から進路選択についての自覚と自らの適性と

を把握する必要が挙げられるだろう。もちろん，近い将来について理想を具体的に思い描き，自らの人生を設計してゆく能力や情報そのものを入手する能力を身に付けること，さらに将来的な社会的動向などを理解することは容易ではない。また教育は将来の準備のためだけに存在するのではない。しかし，以上の内容は必要であり，児童生徒が自己分析を通して，将来への進路の適性について考察し，各学校の段階の教育内容等を関連づけながら，努力してゆくことは必要だろう。そうすることによって，児童生徒は，思い描く目標を目指し，時には別の可能性を模索するなど，現在の学びと将来の在り方との接点も理解できるようになってくるであろう。

4 進路選択について

　進路選択とは，自らの職業的関心に応じて複数ある進路について特定の進路を選択することである。この概念の意味の前後には，意識，進路選択（達成），充実の3つの段階が考えられる。進路選択について，どのような論点が重要となってくるだろうか。
　この問題は，職業生活をどのように捉えるかという問題に関係する。だが中学生・高校生にとって職業生活は将来の出来事で実感をもつことのできない問題といえるかもしれない。しかし，やがて誰もが遭遇する職業に関する意識，進路選択（達成），充実という3つの段階を便宜上挙げるとすれば，初等，中等教育機関に在籍する児童生徒の職業に関する意識の確立の問題は決して軽視できない。こうした意識の確立は，やがて社会の形成者の一員となる彼らにとって大きな意味合いをもつものになるだろう。
　職業に対する意識については，社会には多様な職業が存在し，経済的，社会的，人間的な意味合いにおいてそれぞれ重要性をなしているため，これらを理解することが肝要である。また職業に対する意識をどのように確立するかについては，各自の知識，能力，態度，技術，社会性，人間性等と，その職業が求める内容との適合性が問題となってくるだろう。そのため，まずは必要とされる職業に対する情報を入手し，内容を理解し，その職業の構成や仕組みを知り，

その職業に至るまでの現時点でのかかわり方について前向きに取り組むことが必要となる。また，職業人として求められる知識，技術，態度等以前の問題として，意味や意識の問題（たとえばその職業が自分にとってどのような意味があるのか，また社会においてどのような役割を果たすのか，専門性の創造や経済的観点など），一般常識的内容，社会人としての常識などを身に付ける必要がある。そして，学校教育における学習が多くの場合，これらの意識形成に関係することをも認識することが重要である。

職業に対する達成とは，すなわち，就職や就業，自立した職業的状況の段階のことである。近年，早期退職の若者が増えているといわれており，ある調査によると，初めて就いた職業を離職した理由の上位5つは，「仕事があわない，またはつまらない」「人間関係がよくない」「結婚・出産した（しようとしていた）」「賃金が低い」「労働時間が長い」であった（「わからない」「その他」を除く）（以上出典，中央教育審議会『今後の学校におけるキャリア教育・職業教育の在り方について（答申）』，2011年1月31日，p. 145）。上記の統計から，早期退職の理由として，職業そのものに対する技術や知識に由来する要因というよりも，むしろ，人間性や社会性などに起因する要因も見受けられる。学校教育では依然として専門的知識や技術，能力が求められてはいるが，しかし企業の多くは新卒者に対して，コミュニケーション能力や，協調性など，社会性や一般的な人間としての在り方についての能力を求めることが多い。そのため学校教育ではこのような能力の育成についても継続して指導を行ってゆかなければならないであろう。そして達成の時期は人により異なるが，どのようにしてその達成を成し遂げるかを考えてゆく必要がある。

さらに，職業に対する充実，あるいは職業を通して充実感を感じることの段階については，その職業を選択し就業することによって，苦労や困難を感じることが多いなか，社会的な期待や人々からの期待や感謝，喜びを受けとることによる達成感があるのではないか。社会にはさまざまな職業があるが，それらのうちのほとんどが社会的な意味合いや意義をもち，社会構造の内部においてその職業が組み込まれて存在している。その際，その職業を通して社会性を感じ取り，その人の人生生活のなかにおいて有意義な存在，位置づけとなってい

るかということは，職業を遂行してゆくうえで大きな意味合いをもつものであるといえるだろう。そのため学校の各段階において，職業観を多様な視点から理解することも，職業的達成感，充実感にも影響を及ぼし，深く関与することとなるといえるだろう。このような段階的な学びは，究極的には，人間存在肯定の思想と職業の存在とが一致した社会原理が存在し，その背景には，社会が存在し，そのような仕組みを，職業を目指す者は認識する必要性があるのである。

参考文献

アリストテレス，出隆訳（2010）『形而上学』（上），岩波文庫．

井波律子（2012）『論語入門』岩波新書．

河鰭実英（1973）『有職故実　改訂版』塙書房．

菊池貴一郎（1976）『絵本江戸風俗往来』東洋文庫．

北尾倫彦・杉村健・山内弘継・梶田正巳（2001）『教育心理学　新版』有斐閣新書．

佐藤一斎，川合正光全訳注（1989）『言志四録』（1〜4），講談社学術文庫．

中央教育審議会（2011）『今後の学校におけるキャリア教育・職業教育の在り方について（答申）』（平成23年1月31日）．

中西進他共編（2010）『新国語総合ガイド』京都書房．

西岡常一（2003）『木に学べ——法隆寺・薬師寺の美』小学館．

新村出編（1991）『広辞苑第4版』岩波書店．

広岡義之編著（2007）『教育の制度と歴史』ミネルヴァ書房．

福沢諭吉，富田正文校訂（1979）『福翁自伝』岩波文庫．

福沢諭吉（2008）『学問のすすめ』岩波文庫．

フランクリン，松本慎一・西川正身訳（1957）『フランクリン自伝』岩波文庫．

三木清（1967）『三木清全集第9巻』岩波書店．

世阿弥，竹本幹夫訳注（2011）『風姿花伝・三道』角川ソフィア文庫．

（津田　徹）

第10章

キャリア形成活動と進路指導

　　　　本章では、キャリア教育、職業教育、進路指導の各定義について触れた上で、学校における指導を念頭に、進路指導についての現状や課題、目指されるべき方向性についてそれぞれ論を展開する。

1　キャリア形成の定義づけとその活動

　『広辞苑』によれば、「職業」という語はすでに中国の古典『史記』に先例があり、「日常従事する業務。生計を立てるための仕事。生業。なりわい」とある。同じく職業を含む熟語には、職業安定所、職業安定法、職業案内、職業意識などから職業野球まで20項目が挙がっている。また「キャリア」については、「①（職業・生涯の）経歴」、②「専門的技能を要する職業についていること」、「③国家公務員試験一種合格者〔注：現在は別称〕で、本庁に採用されている者の俗称」とある。このキャリア（英 career）という用語は、元々ラテン語の車道を意味していたといい、そこから競技場の走路、轍を意味するようになったといわれている。つまり、これが人生の歩みを形成し、それを大きく構成することになる職業を意味するようになったのではないだろうか。ちなみに英語の career と carrier［運搬人、保有者］とは別のものであることに注意したい。
　文部科学省では、キャリア教育、職業教育、進路指導をそれぞれ区別して使用している。以下では、文部科学省から公刊されている『手引き』を中心にみてゆくこととする。

キャリア教育のキャリアとは,『中学校キャリア教育の手引き』(文部科学省,平成23年5月)によれば,「人が,生涯の中で様々な役割を果たす過程で,自らの役割の価値や自分と役割との関係を見出していく連なりや積み重ね」(p. 15)ととらえるとしている。またキャリア教育の定義として,中央教育審議会は,「一人一人の社会的・職業的自立に向け,必要な基盤となる能力や態度を育てることを通して,キャリア発達を促す教育」であるとしている。これは中央教育審議会「今後の学校におけるキャリア教育・職業教育の在り方について(答申)」(2011年)によるものである。この概念は,上記でみてきたように,非常に広域な概念であり,以下でも定義づけられる職業教育とは区別され,一人ひとりが生涯というスパンのなかにおいて社会的・職業的自立が可能な状態に至るまでさまざまなかかわりやキャリア発達を目指す概念であることが理解できる。

また職業教育とは,「一定又は特定の職業に従事するために必要な知識,技能,能力や態度を育てる教育」(中央教育審議会答申)と定義づけられている。その上で,キャリア教育と職業教育との関係を,育成する力と教育活動の観点から整理してみると以下のような違いになるという。

(ア) 育成する力
◆キャリア教育
　一人一人の社会的・職業的自立に向け,必要な基盤となる能力や態度
◆職業教育
　一定又は特定の職業に従事するために必要な知識,技能
　ここでは,キャリア教育,職業教育のそれぞれの目指されるべき方向性,目標が示されていると思われる。
(イ) 教育活動
◆キャリア教育
　普通教育,専門教育を問わず様々な教育活動の中で実施される。職業教育も含まれる。
◆職業教育
　具体の職業に関する教育を通して行われる。この教育は,社会的・職業的自立に向けて必要な基盤となる能力や態度を育成する上でも,極めて有効である。

ここでは，キャリア教育，職業教育の活動や方法的あり方が示されていると思われる。
　また，進路指導については，もともと昭和30年代前半までは，進路指導という呼称ではなく「職業指導」と呼ばれていたが，高等学校卒業後の将来を見定め，中学校・高等学校の教育課程において自らの人生を切り拓く力を育てることを目指して展開されてきた。しかしこの職業指導という用語は，就職を希望する生徒のみを対象とする狭い概念を想起させてしまったため，さらに職業教育との混乱も生じさせかねないという懸念も相俟って変更された。
　他方，進路指導という概念は，昭和40年代以降に高まってきた自己実現理論の影響を踏まえられつつ，その意味する内容は，

　　進路指導は，生徒の一人ひとりが，自分の将来の生き方への関心を深め，自分の能力・適性等の発見と開発に努め，進路の世界への知見を広くかつ深いものとし，やがて自分の将来への展望をもち，進路の選択・計画をし，卒業後の生活によりよく適応し，社会的・職業的自己実現を達成していくことに必要な，生徒の自己指導能力の伸長を目指す，教師の計画的，組織的，継続的な指導・援助の過程のことである。

（文部省『進路指導の手引―高等学校ホームルーム担任編』日本進路指導教会，1983年）
と解説されている。
　また従来，進路指導の諸活動について，以下の6つの活動を通して実践されるとされてきた（①個人資料に基づいて生徒理解を深める活動と，正しい自己理解を生徒に得させる活動，②進路に関する情報を生徒に得させる活動，③啓発的経験を生徒に得させる活動，④進路に関する相談の機会を生徒に与える活動，⑤就職や進学等に関する指導・援助の活動，⑥卒業者の追指導に関する活動）（以上，文部省，『進路指導の手引―中学校学級担任編（三訂版）』（平成6年），『中学校手引き』35ページからの引用）。そしてそれらは，それぞれたとえば，①に対しては，児童生徒に職業観や進路について何かを書かせたり発表させたりさせることを通して，職業への自覚を促し，職業への意識を高めることなど，②に対しては，さまざまな大人の生き方や職業観に触れさせる講演会

や視聴覚教材を活用した情報提供など，③に対しては，特定の職業や職域について調べさせ発表させることなど，④に対しては，本人や保護者を交えた進路に関する相談や，アンケートの実施など，⑤に対しては，卒業生の動向調査や活躍状況，進路指導部などで収集される情報の提供などが考えられるのである。

現在，学校教育の教育課程の領域は，中学校では，各教科，道徳，特別活動，総合的な学習の時間の4領域，高等学校では，各教科，特別活動，総合的な学習の時間の3領域である。そのなかで，進路指導は，これらすべての領域において行うことが目指されている（学習指導要領においては，「生徒が自らの生き方を考え主体的に進路を選択することができるよう，学校の教育活動全体を通じ，計画的，組織的な進路指導を行うこと」（中学校学習指導要領 総則），「生徒が自己の在り方生き方を考え，主体的に進路を選択することができるよう，学校の教育活動全体を通じ，計画的，組織的な進路指導を行い，キャリア教育を推進すること」（高等学校学習指導要領 総則））とある。

そして多くの場合，特別活動や総合的な学習の時間を活用して，進路指導が行われている。

『中学校学習指導要領』の特別活動における「学級活動」においては，（3）学業と進路において，

　　ア　学ぶことと働くことの意義の理解
　　イ　自主的な学習態度の形成と学校図書館の利用
　　ウ　進路適性の吟味と進路情報の活用
　　エ　望ましい勤労観・職業観の形成
　　オ　主体的な進路の選択と将来設計

という活動内容が示されている。さらには各教科，道徳，総合的な学習の時間との関連を図りながら，進路指導，キャリア教育を推進してゆくことが求められている。

また，『高等学校学習指導要領』の特別活動における「ホームルーム活動」においては，（3）学業と進路において，

　　ア　学ぶことと働くことの意義の理解
　　イ　主体的な学習態度の確立と学校図書館の利用

ウ　教科・科目の適切な選択

　　エ　進路適性の理解と進路情報の利用

　　オ　望ましい勤労観・職業観の確立

　　カ　主体的な進路の選択決定と将来設計

という活動内容が示されている。ここで注意すべきは，中学校と高等学校との特別活動の各活動のうち，名称が異なっている点，またその活動内容についても中学校と高等学校とでは，当然ながら若干内容が異なっている点が挙げられる。

　以上のように，教師が関与するべき進路指導は，先の①〜⑥の活動と，生徒の活動内容については，中学校，高等学校の特別活動の学級活動（中），ホームルーム活動（高）における内容が，それぞれ示されており，社会の状況や生徒の関心や能力，態度等に応じて，個別に対応することが求められる。

　また，学校の教育活動全体を通しては，以下の学校生活における課題との関連で指導が行われるべきである。

2　学校種別毎のキャリア発達課題について

　各学校別（小学校，中学校，高等学校，特別支援学校）における進路指導やキャリア教育についても以下のように示されている。

小学校でのキャリア教育

　　　　　　　　　　　　　　　　　　　（『中学校　キャリア教育の手引き』pp. 42-47）
〇小学校低学年でのキャリア教育

　各教科，特別活動，道徳の時間，日常生活における**低学年のキャリア発達課題**＝

　　①　小学校生活に適応する

　　②　身の回りの事象への関心を高める

　　③　自分の好きなことを見つけてのびのびと活動する

〇小学校中学年でのキャリア教育

　各教科，特別活動，道徳の時間，総合的な学習の時間，日常生活における**中学年のキャリア発達課題**＝

　　①　友だちと協力して活動する中でかかわりを深める

② 自分の持ち味を発揮し，役割を自覚する

○小学校高学年でのキャリア教育

　各教科，特別活動，道徳の時間，総合的な学習の時間，外国語活動，日常生活における**高学年のキャリア発達課題**＝

　① 自分の役割や責任を果たし，役立つ喜びを体得する。
　② 集団の中で自己を生かす。
　③ 社会と自己のかかわりから，自らの夢や希望をふくらませる。

中学校でのキャリア教育

（『中学校　キャリア教育の手引き』p. 115より）

中学校段階でのキャリア発達課題
　・現実的探索と暫定的選択の時期

キャリア発達課題
　・肯定的自己理解と自己有用感の獲得
　・興味・関心等に基づく勤労観・職業観の形成
　・進路計画の立案と暫定的選択
　・生き方や進路に関する現実的探索

各学年におけるキャリア発達課題の例

○**中学校1年生**
　・自分の良さや個性が分かる。
　・自己と他者との違いに気付き，尊重しようとする。
　・集団の一員としての役割を理解し果たそうとする。
　・将来に対する漠然とした夢やあこがれを抱く。

○**中学校2年生**
　・自分の言動が他者に及ぼす影響について理解する。
　・社会の一員としての自覚が芽生えるとともに社会や大人を客観的にとらえる。
　・現実の問題への夢を達成する上での現実の問題に直面し，検索する。

○**中学校3年生**
　・自己と他者の個性を尊重し，人間関係を円滑に進める。
　・社会の一員としての参加には義務と責任が伴うことを理解する。
　・将来設計を達成するための困難を理解し，それを克服するための努力に向かう。

高等学校でのキャリア教育

(『中学校　キャリア教育の手引き』pp. 48-49)

高等学校におけるキャリア教育の目標＝
- ・自己理解の深化と自己受容
- ・選択基準としての勤労観・職業観の確立
- ・将来設計の立案と社会的移行の準備
- ・進路の現実吟味と試行的参加

□**高校1年生のキャリア発達課題**
- ・新しい環境に適応するとともに他者との望ましい人間関係を構築する
- ・学習活動を通して自己の能力適性を理解する
- ・様々な情報を収集し進路選択の幅を拡げる

□**高校2年生のキャリア発達課題**
- ・他者の価値観や個性を肯定的に認め，受容する
- ・学習活動を通して勤労観・職業観を育成する
- ・自己の職業的な能力適性を理解し将来設計を図る
- ・進路実現に向けた課題を理解し，検討する

□**高校3年生のキャリア発達課題**
- ・自己の能力適性を的確に判断し，卒業後の進路について具体的な目標と課題を定め実行に移す
- ・理想と現実の葛藤を通して困難を克服するスキルを身に付ける

　こうした各学校の教育段階において，本来の学校教育で身につけるべき知識，技能，態度が社会生活に関連づけられ，やがてキャリア発達と関連づけられるようになることからも理解できるように，各学校におけるキャリア教育は，自己分析と社会状況の変化，労働環境等についての認識を深化させてゆくことが求められるであろう。以下では，職業に焦点をあてて進路指導について考察してゆく。

3 さまざまな分野からの職業的期待

　この節では，さまざまな分野からの職業的期待について取り上げてみることとする。厚生労働省の職業安定局のHPによれば，職業分類というものがあり，主に求人や求職者の職業の決定に際して活用されている。分類には大分類，中分類，小分類，細分類があり，大分類においては，管理的職業，専門的・技術的職業，事務的職業，販売の職業，サービスの職業，保安の職業，農林漁業の職業，生産工程の職業，輸送・機械運転の職業，建設・採掘の職業，運搬・清掃・包装等の職業など11に分けられている。また後において紹介する『2015年度版高校生　就職活動スタートブック』(厚生労働省埼玉労働局・ハローワーク)においては，高校生向けに11の職業分野(上記の分類とは異なる)を提示し，就職のカテゴリーの目安としている。

　当然，職業の数は，時代や社会の変化に伴って増減が認められ変化してゆく。またそれに伴って，職業内容に求められる知識・技術・態度・物品なども変化してゆくこととなる。

　ここではいまだ正規の労働に従事することのない児童生徒に対して，教育的観点においてどのようなことが求められるかが問題となるため，有職者が転職する場合などの事例ではなく，進路選択を行う上でこれから職業について考え，またそこで求められる内容とはどのようなものであるのかについて論を進めることとする。

(1) 職業観の確立

　民間の保険会社が過去20数年にわたって，幼児・児童を対象として，毎年「大人になったらなりたいもの」のアンケートを実施しており，新聞等においてもその集計結果が公表されている。2014年度の集計によれば，男子の「大人になったらなりたいもの」の上位の1位がサッカー選手，2位が野球選手，3位が警察官・刑事，4位が学者・博士，5位が電車・バス・車の運転士と続いており，女子の1位が食べ物屋さん，2位が保育園・幼稚園の先生，3位が

歌手・タレント・芸人，4位（2つあり）が学校の先生（習い事の先生），看護師さんと続いている。もちろん，いずれの希望も就職可能性の度合いは別として，多くの子どもたちが将来への職業的希望について積極的で具体的な職種を挙げている点は，実に微笑ましくもあり頼もしくもある。

ところが，小学生から中学生，そして高校生へと年齢が上がるにつれて，このような結果はどう変化してくるだろうか。中央教育審議会，『今後の学校におけるキャリア教育・職業教育の在り方について（答申）』（平成23年1月31日の附録資料を参考）には，大学，短期大学，専門学校，高等専門学校，高等学校の卒業者の産業別就職者数を挙げている（p. 189）。それによれば，高校生で最も多くの就職者数が見られる産業の順序を挙げるとすれば，製造業，卸売・小売業，宿泊業・飲食サービス業，医療・福祉，建設業と続いている。

これらの事例から浮上する問題の一つとして，職業に対する希望（夢）と現実に就職できることのマッチング（ミスマッチ）の問題が考えられ，どのようにこれを理解すべきかという問題が挙げられるだろう。『平成26年度厚生労働省白書』では，「経済社会の活力向上と地域の活性化に向けた雇用対策の推進」の中で，「若者と中小企業とのマッチングの強化」を取り上げており（p. 286），ミスマッチを回避して就職へと到る政策的で具体的な対応もなされつつある。しかしここでは，先の子どもたちのランキング上位に浮上する職業ではなく，中小企業とのマッチングを意図している点からも，現実の社会ではランキングに登場する一部の職業への道程は非常に厳しいことが予想できる。同じくたとえば大企業でないと就職しない，など就職を躊躇せざるをえない積極的理由が多くの若者において見られることも予想できる。もちろん，最終的に決定するのは本人であり，その決定に基づく限り，上記のランキングにおいても当初よりその業種の希望者の存在も一定数存在すると考えられ，またランキング上位の職業に向け，日々努力を重ねている者もいることは事実であろう。

だが，特定の子どもの希望する職業ランキングと実際に就職を果たした実数とでは問題の性質が異なることはあるにしても，多くの場合，在学期間中に，児童生徒が職業についての情報を見聞するにつれて，職業に就くための困難さを認識し，その定員（現実になることのできる人数）の過少さの現実を知り，

あるいはその職業に就くための機会についての希望的な観測が持てなくなり，能力的な観点において非現実的な状況（非常に高い能力が求められたりや偶運に近い要素が必要となる条件）に思い至ってしまう者も多いのではないだろうか。その意味では現在の社会状況や学校での状況が職業についての情報を子どもに伝える回路を持ち，意外にも部分的に機能していると理解することもできなくはない。そして当初の職業に固執することで，積極的な関わりか諦めかを選択し，多くの場合，非常に現実的な選択肢について考えるようになり，職業選択の対象が限定されてくることになってしまうのが通例となるのではないだろうか。恐らく多くの子どもはより現実的な職業を選択し，他方，野球選手やタレントといった特定の職業になるためには程遠い距離（努力，勉強，能力など）感を感じることによって，別の職業を志向したり，場合によっては選択できない状況に陥ってしまうのではないだろうか。また身近な人物の従事する職業像を通して，その途に進みたいと考え始めることもあるだろう。さらに別の問題として，希望の職業に固執する余り，他の職業には目もくれず途方に暮れたりスランプに陥ってしまうことも考えられる。

　そのため，学校教育においては，いかにして，職業観が自らの問題として形成され確立でき，そしてそれに向けて自己が変革できるかという観点が重要になってくる。またその職業に対して難易度や数値によるさまざまな情報を調べさせることなどを通していっそう理解を深めさせる必要もあるだろう。そして一つの職業ではなく，複数の職業に目を向けさせることも大切である。学校教育においては，職業観の確立に向けて，組織的で体系的な取り組みを行い，個人に応じた指導を行ってゆく必要がある。

　2015年7月1日『読売新聞』朝刊の，「30年後の『わたし』」という新聞記事を教育に活用するNIE（Newspaper in Education）の記事において，中学生向けの人生プランを考えさせる内容を掲載している。その構成はイラストや写真を取り入れビジュアル化された記事である。その内容は，1．自己分析（好きな科目，得意になったこと，なりたい職業，今，夢中になっていること），30年後は□歳と記入させ，何をしているかを予想させ記入させる。また大学卒業後3年以内に会社を退職した者の割合32.4％（2011年3月大卒生）の現状を紹介

し，何を学びたいのか意識をもちましょうと締めくくっている。2．男女共に子育て－結婚のタイミング（結婚をしないという選択もあると断った上で）を取り上げ，1950年の初婚の年齢（男性25.9歳，女性23歳）に比べ，2014年には男性31.1歳，女性が29.4歳と，遅くなっていることを示し，女性は結婚後も働きつづける人が増え，男性も「イクメン」と称して家事に協力する人が増えてきているとしている。3．世の中にはさまざまな職業があり，「自分はこうだ」と断定するのではなく，最初から考えている職業だけを目指すことはもったいない，としている。また仮に希望がかなわなかったとしても，改めて学び直したりやり直すことも可能であるとしている。そしてまとめに，新聞やニュースを通して情報を集めることの大切さを説いている。

（2）養成する（学校）側が求める内容と各業界から求められる能力

さて，次に，養成する（学校）側が求める内容と，各業界から求められる能力や態度について触れておきたい。

子どもの成長に関わるのは，学校だけではなく，家庭，そして社会（地域社会）の各教育的場所とそれらの構成員である。そのため学校側の教育目的や教育目標，家庭における教育目的，社会（地域社会）における教育目的などの養成する側の立場（ここでは学校）と，採用を受け持つ企業や団体の側の求める人材能力・適性などの2つの要因をここではみてゆくこととしたい。

① 養成する（学校）側が求める内容

まず，学校における教育目的についてである。いうまでもなく学校は，「個人の価値を尊重して，その能力を伸ばし，創造性を培い，自主及び自律の精神を養うとともに，職業及び生活との関連を重視し，勤労を重んずる態度を養うこと」(教育基本法第2条2項)とある。

【義務教育の場合】

義務教育の教育目的と教育目標については，教育基本法第5条第2項および，学校教育法第21条に示されている。

「義務教育として行われる普通教育は，各個人の有する能力を伸ばしつ

つ社会において自立的に生きる基礎を培い，また，国家及び社会の形成者として必要とされる基本的な資質を養うことを目的として行われるものとする。」

学校教育法第21条の定めるところのうち，職業および進路に関する規定は，

「四　家庭と家庭の役割，生活に必要な衣，職，住，情報，産業その他の事項について基礎的な理解と技能を養うこと。」

「十　職業についての基礎的な知識と技能，勤労を重んずる態度及び個性に応じて将来の進路を選択する能力を養うこと。」

とある。

【高等学校の場合】

高等学校の教育目的と教育目標については，学校教育法第50条に示されている。

・高等学校の教育目的

「高等学校は，中学校における教育の基礎の上で，心身の発達及び進路に応じて，高度な普通教育及び専門教育を施すことを目的とする。」

・高等学校の教育目標

「一　義務教育として行われる普通教育の成果を更に発展拡充されて，豊かな人間性，創造性及び健やかな身体を養い，国家及び社会の形成者として必要な資質を養うこと。

二　社会において果たさなければならない使命の自覚に基づき，個性に応じて将来の進路を決定させ，一般的な教養を高め，専門的な知識，技術及び技能を習得させること。

三　個性の確立に努めるとともに，社会について，広く深い理解と健全な批判力を養い，社会の発展に寄与する態度を養うこと。」

これら以外にも，学校においては，平成10年度の学習指導要領において登場した「生きる力」という理念が提唱されて，現在においても継承されている。「生きる力」とは，以下の3つの観点から成り立つ力である。

①　基礎・基本を確実に身に付け，いかに社会が変化しようと，自ら課題

を見つけ，自ら学び，自ら考え，主体的に判断し，行動し，よりよく問題を解決する資質や能力。
② 自らを律しつつ，他人とともに協調し，他人を思いやる心や感動する心などの豊かな人間性
③ たくましく生きるための健康や体力など

　この概念は，ペスタロッチの基礎陶冶（知育，徳育，体育）を想起させるもので，教育が本来，人間観に基づき展開されるべきだとする理想的人間像に通ずる理念である。だが，学校教育の現状ではさまざまな競争を通して出口指導に過剰に反応する結果として，進学実績や有名校への入学実績を進路指導の目標とする教育機関もみられ，これが学校の本来の目的であるかのような錯覚に陥った理解もみられるのも事実である。
　本来的には子どもたちがどのような能力を身に付けて社会で活躍できるか，そして，職業観を身に付けることができるかという視点を欠くならば，進学という尺度のみの進路指導は教育機関としての本来の機能を果たすことにはならない。

② 各業界から求められる能力
　日本経済連の調査（中央教育審議会，『今後の学校におけるキャリア教育・職業教育の在り方について（答申）』，平成23年1月31日の附録資料を参考）によれば，高等教育での統計ではあるが「新規採用にあたって重視する点」を企業側にアンケート調査を実施して明らかにしている。それによれば，特に重視する能力は，大学卒の場合，1位に熱意・意欲，2位に行動力・実行力，3位に協調性，4位に論理的思考力，5位に問題解決力である。
　また新卒者採用の選考に当たっての重視する点としては，1位にコミュニケーション能力，2位に主体性，3位にチャレンジ精神，4位に誠実性，5位に責任感を挙げている。
　また，厚生労働省埼玉労働局・ハローワーク編，『2015年度版高校生　就職活動スタートブック』によれば，「企業は高校生に何を求めているか」におい

て，ベスト3（「コミュニケーション能力」「基本的な生活態度」「協調性」）を上げ，「これらはどれも，社会人にとっての基本中の基本です。今のうちからきちんと身につけておこう」と締めくくっている。

　この点に関して企業の求める観点は，意外なことに，知識や技術という学校教育が主として求めてきた教育内容というよりも，言語能力，生活態度，協調性といった人間性にかかわる観点や態度である。もちろん，学校の教育活動は教科に留まるものではないし，教科において求められる目標やねらいの中にも職業生活との関連で当然求められ重視されるべき観点も含まれていることは言うまでもない。そのため，教科指導の充実はもちろんのこと，学校の教育活動全体を通した進路指導という観点が，今後も必要となり，めやすとしての指標やコミュニケーションスキルの向上や集団活動での協調性を通した学び，問題解決的な学びなどに力点を置いた指導が求められる。さらに児童生徒一人ひとりが，人生計画や見通しについて考えるきっかけを学校教育の学習場面において持ち，ライフ・デザインを行うなど個人の関心や能力に応じたプログラムや学習（学修）システムの整備が求められる。

　先に挙げた，厚生労働省埼玉労働局・ハローワーク編『2015年度版高校生就職活動スタートブック』は，高校生就職希望者を対象とした冊子であるが，専門的な就職指導と実践に取り組む行政の高校生への指導の観点を知るために，これの構成について触れてみたい。

　まずは1．自己分析（人生における就職の位置，働く理由（自由記述），長所・得意，よい点の分析），そしてこれらの理由と社会においてこれらをどのように活用したいか（自由記述）を問い，戸惑いがちな生徒に対して長所のキーワードを選択群として用意し，記述やまとめの参考に資するように配慮している。2．仕事の世界を知る。仕事について調べさせ，また大きな枠組みとして11の職業の分類を掲げている。改めて仕事を選ぶ理由を自由記述させる。3．正社員とアルバイトの待遇の相違を安定性，収入，仕事の内容などの観点から相違を示す，4．就職活動のスケジュールのめやすの提示（予想される活動の内容の提示），5．働く人を守る労働法（最低限度知っておかねばならない法律的知識，相談機関などの説明），6．求人票の仕組みとチェックポイン

ト（どのような情報が示され，どのようにみてゆくかを説明，各用語の簡単な説明（控除，雇用保険等の労働条件や選考方法，事前見学，過去の採用実績など選考について）），7．企業側の求める観点（前掲）。

　この冊子はコンパクトでまとまりのある情報を生徒に提供し考察させるよう工夫されている。こうした視点は，職業指導や進路指導（当面就職を考えていない生徒に対しても）においても参考に値する。

4　進路指導が抱える諸問題と諸課題

　急激な社会構造の変化，労働状況，雇用状況の変化等を背景として，子どもを取り巻く環境は大きく変化しようとしている。いくつかのキーワードをあげてみると，ニート，フリーター，就職難，終身雇用，年功序列，セクシュアルハラスメント，パワーハラスメント，成果主義・能力主義，斜陽産業，インターンシップ，フレックスタイム，ブラック企業，過労死，ヒューマンスキルなど労働分野に関連する用語がよく話題になっている。将来子どもが遭遇するであろう問題に子どもが対処できる能力や力を身につけさせることが課題となっている。子ども一人ひとりの職業観，勤労観を育む生涯にわたるキャリア教育の充実が求められている。ところがその課題に対して学校が体系的な取り組みのできる状況に至っていない部分もみられる。学校教育における進路指導が抱える問題として次のような問題点が挙げられるだろう。

　初等，中等教育におけるキャリア教育，職業教育については，一部に具体的に展開してゆくことは困難が予想されるという意見がみられるのも事実である。というのも，児童生徒の両者に対する認識がいまだ十分に確立されていないことが多く，大学入学後に考えればよい，普通科では進学希望者が多数であるから当面不必要である（高），などと問題を先送りにする傾向があることや，仮に決定していたとしても，児童生徒数の進路の実数があるため，精緻に対応を考えてゆくと学校（教員）がそれへの具体的指導を果たすことは困難であると考えられるからである。

　また学校の制度上の問題に由来する課題も挙げられる。職業指導や進路指導

は，校務分掌で担当する教員や担任に任せておけばよいという考え方やインターンシップなど進路指導上有効であることは理解しているが，企画・交渉・指導等の点で困難であるなど，進路指導や職業指導に対して消極的であったり，理解が浸透していなかったりする点が挙げられる。

　さらに生徒の側においても課題が挙げられる。生徒は，初等・中等教育という学校生活を基準として物事を捉えそしてその運営の在り方に慣れ親しんできているわけであるが，職業生活は学校生活の延長線上の在り方では通用しないルールが多数見られるという点を理解していない点が挙げられる。社会生活（職業生活）においては，同期採用という慣習は徐々に崩れ，学年（年齢）制に慣れ親しんできた生徒にとっては，一端就職すると多様な年齢集団から構成される社会組織に戸惑い，職階の上下関係や組織構造の無理解によって結果として早期退職を余儀なくさせられることもあるかもしれない。また過酷で現実的な競争原理の導入や，経済的視点の導入などは，それまでの学校生活での慣習とは異なり社会生活においてはじめて知ることになる。こうした社会生活（職業生活）の厳しい一面性をも生徒に理解させることが，進路指導の対象となってくる。

5　今後求められる進路指導

　平成24年度『厚生労働省白書』では，経済社会の活力向上の施策に関連して，女性の雇用の現状，高年齢者雇用の問題，障害者雇用の問題，雇用創出の在り方，重点分野雇用創造の問題，公的職業訓練や向上策（例，技術検定や職業能力評価基準など）の問題，震災復興のための雇用上の問題などに触れている。これらの問題は，今後ますます変化の激しい日本の社会において重要な問題として浮上し，対策や解決方法が一層求められるだろう。

　初等中等教育段階における進路指導において，こうした視点は一見関係が薄いように思われるかもしれない。しかし，私たち人間は機械的存在ではないし，社会の中で必然的に生活をし，幸せを求めて生きてゆく存在であるため，社会の変化や問題を敏感に感じ取り，それらに対して対応できる存在者が今後ます

ます求められるのではなかろうか。そのため，これからの社会を担う児童生徒たちが，前向きに社会とかかわり，社会の現実を多く知り，人生を肯定的にとらえるために進路を真剣にとらえ，また人間としての社会の一員という視点でもって自らの将来について考えなければならない。

参考文献

姉崎洋一ほか編（2015）『解説教育六法2015（平成27）年』三省堂.

厚生労働省編（2014）『平成26年厚生労働省白書』.

厚生労働省埼玉労働局・ハローワーク編（2015）『2015年度版高校生　就職活動スタートブック』（厚生労働省埼玉労働局・ハローワーク）.

第一生命編（2014）「News Release　第26回「大人になったらなりたいもの」（2014年7月～9月実施）」，2014年11月20日，ネット上の資料を参考.

中央教育審議会（2011）『今後の学校におけるキャリア教育・職業教育の在り方について（答申）』（平成23年1月31日）.

新村出編（1991）『広辞苑第四版』岩波書店.

ハローワークインターネットサービスのHP.

文部科学省（2008）『中学校　学習指導要領』

文部科学省（2009）『高等学校　学習指導要領』

文部科学省（2011）『中学校　キャリア教育の手引き』教育出版，平成23年5月.

文部科学省（2012）『高等学校　キャリア教育の手引き』教育出版，平成24年2月.

『読売新聞』朝刊，「30年後の『わたし』」，2015年7月1日.

　　　　　　　　　　　　　　　　　　　　　　　　　　　　（津田　徹）

人名索引

ア・カ行

アリストテレス 6
孔子 153
小杉礼子 124
小林多喜二 145

サ・タ行

佐藤一斎 154
世阿弥 143
ディケンズ，C. 151
デール，E. 132

ナ・ハ行

西岡常一 145, 148-149

ニーチェ，F. 142
ハヴィガースト，R. J. 154
福沢諭吉 145-147
フランクリン，B. 151-153
ヘシオドス 149
ペスタロッチ，J. H. 170
細井和喜蔵 145

マ・ヤ行

マルクス，K. 151
森田洋司 79
山本作兵衛 145

事項索引

A-Z

ASCA（American School Counselor Assosiation） 125
PDCAサイクル 65
SEL →社会性と情動の学習プログラム
SNS 98

ア行

アクティブ・ラーニング 100
アセスメント 48, 76, 103
アセスメントツール 97
安全の欲求 94
生きる力 169
いじめ 58, 77
インクルーシブ教育 15
インターネット 10
援助活動 1
往来物 144

「大人になったらなりたいもの」アンケート 165
オリエンテーション 9
『オリバー・ツイスト』 151

カ行

開発的（育てる）生徒指導 42
カウンセリング・マインド 51
学習指導要領 17, 91, 169
学習指導要領総則 109
『学問のすすめ』 145-147
過酷な労働環境 145
学級活動 161, 162
学級経営 3, 81
学校関係者評価 65
学校教育法 168-169
学校行事 8, 116
学校心理学 73, 125
学校評価 64

175

『蟹工船』 145
観察法 95
基礎陶冶 170
規範意識 2,6
基本的生活習慣 1
義務教育の教育目的と教育目標 168
キャリア 109, 119, 158-159
キャリアアンカー 130
キャリア教育 110, 159
キャリアデザイン 130
キャリア発達課題 162-164
　小学校高学年 163
　小学校中学年 162
　小学校低学年 162
　中学校1年生 163
　中学校2年生 163
　中学校3年生 163
　高校1年生 164
　高校2年生 164
　高校3年生 164
旧約聖書 149
教育課程 17
教育課程以外の指導 9
教育課程の領域 161
教育基本法 108, 168
　——第1条 102
教育相談 121
共感的な人間理解 11
共感的人間関係 21
競争原理 15
教頭（副校長） 115
近代産業社会 147
近代的な職業観 147
勤労観 110
グループアプローチ 46, 53
グローバル化 113
経済的活動 142
啓発の経験 121
ゲストティーチャー 131, 134
『言志晩録』 154
高学歴化 118
構成的グループエンカウンター 75, 92, 129

『厚生労働白書』 166, 173
高等学校学習指導要領総則 116
高等学校の教育目的と教育目標 169
工房 150
心の教育 24
コミュニケーション能力 170
コミュニティ・スクール 102

サ 行

サイコエジュケーション 75, 133
産業社会 151
三大発明 150
自己開示 5
自己決定 21
自己肯定感 130
自己実現 2, 20, 24
自己実現の欲求 94
自己指導能力 4, 21, 24
自己存在感 21
仕事 146
『仕事と日』 149
自己評価 65
自己分析 171
自己理解 115, 119
自尊感情 13
実学 146
実践意欲や態度 24
児童委員 103
児童虐待 58
児童生徒理解 5
自発性・自主性 7
資本家 151
社会性指導 9
社会性と情動の学習プログラム 75, 129
社会的・職業的自己実現 119
社会的資源 20
社会的能力 20
社会的リテラシー 13
十三徳 152
就職時期 142
主体性 8, 170
準拠集団 93

事項索引

小１プロブレム　8
小学校学習指導要領「総則」　4
成就感　11
情報化社会　117
職　命　150
職業安定局　165
職業間　110
職業教育　159
職業指導主事　115
職業生活　142
職業体験　131
職業的価値観　119
職業に対する意識　155
職業に対する充実　156
職業に対する達成　156
職業分類　165
職業倫理　150-151
職場体験　135
『女工哀史』　145
所属と愛の欲求　94
自律性　7
心　情　24
人生プラン　167
信頼関係　5, 122
進路指導　10, 110, 160
進路指導計画　120
進路指導の諸活動　160
進路選択　118, 155
進路不適応　117
進路保障　118
スクールカースト　83
スクールカウンセラー　44, 73
スクールソーシャルワーカー　45
砂時計モデル　125
誠実性　170
生徒指導主事　41, 56, 57
生徒指導主担当者　57
生徒指導主任　57
『生徒指導提要』　3, 6, 12, 20, 55, 127
生徒指導の三機能　93
『生徒指導の手引（改訂版）』　2, 13
生徒の望ましい職業観　121

生徒理解　76
責任感　170
全体計画　120
早期退職　156
ソーシャルスキルトレーニング　75
卒業者の追指導　122
尊敬の欲求　94

タ　行

対人関係スキル　49
第三者評価　65
チーム学校　41
チーム支援会議　77
チャレンジ精神　170
中央教育審議会　111, 128
中学校学習指導要領　4
「中学校進路指導の手引」　109
ディスプレー　85
適　応　7
適応指導　3, 9
　　——教室　104
出口指導　111
道徳性　1, 24
道徳的価値　26
道徳的実践　24
道徳的判断力　24
棟梁　148
特別活動　161, 162
特別支援教育支援員　45
独立自尊　146, 147
徒弟制度　144

ナ　行

内容項目　26
日　課　148
ニート　109, 124
日本経済連　170
日本国憲法　108
人間関係形成能力　134
望ましい集団活動　31

177

ハ 行

発達課題　*154*
パトロン　*150*
ピア・サポート　*75, 99, 106, 129, 133*
引きこもり　*124*
『風姿花伝』　*143*
『フランクリン自伝』　*151-153*
フリーター　*109, 113*
偏差値　*117*
包括的学校支援モデル　*74*
包括的支援モデル　*124*
ホームルーム　*10, 116*
ホームルーム活動　*161, 162*
ボランティア　*113*

マ 行

マッチングの問題　*166*

未然防止　*49*
見習い　*148*
民生委員　*103*
モデリング　*132*
モラトリアム　*113*
モンスターペアレント　*105*
問題解決型生徒指導　*43*

ヤ 行

藪入り　*144*
要保護児童対策地域協議会　*104*
予防的生徒指導　*42*

ラ 行

立身出世　*147*
労働者　*151*
労働組織結成　*145*

執筆者紹介（執筆順，執筆担当）

広 岡 義 之（ひろおか・よしゆき，編著者，神戸親和女子大学発達教育学部／大学院文学研究科）第1章・第7章

杉 中 康 平（すぎなか・こうへい，四天王寺大学教育学部）第2章・第4章

福 本 義 久（ふくもと・よしひさ，四天王寺大学教育学部）第2章・第4章

長谷川重和（はせがわ・しげかず，神戸親和女子大学発達教育学部）第3章

金 山 健 一（かなやま・けんいち，神戸親和女子大学発達教育学部）第5章・第8章

杉 田 郁 代（すぎた・いくよ，高知大学大学教育創造センター）第6章1～6

山 崎　 茜（やまさき・あかね，広島市スクールカウンセラー／比治山大学（非常勤講師）／エリザベト音楽大学（非常勤講師））第6章7～11

津 田　 徹（つだ・とおる，神戸芸術工科大学基礎教育センター）第9章・第10章

はじめて学ぶ生徒指導・進路指導
――理論と実践――

2016年4月25日　初版第1刷発行　　　　〈検印省略〉

定価はカバーに
表示しています

編著者　広　岡　義　之
発行者　杉　田　啓　三
印刷者　中　村　勝　弘

発行所　株式会社　ミネルヴァ書房
607-8494　京都市山科区日ノ岡堤谷町1
電話(075)581-5191／振替01020-0-8076

© 広岡義之ほか，2016　　　　中村印刷・兼文堂

ISBN978-4-623-07560-7
Printed in Japan

これからの学校教育と教師──「失敗」から学ぶ教師論入門
佐々木司・三山 緑編著　A5判190頁　本体2200円

●教職「教育原理」「教職の意義等にかんする科目」向けの入門書。各章末で，現在教壇に立つ現場教員の「失敗・挫折」を扱ったエピソードを紹介，本文と合わせて，そこから「何を学ぶのか」，わかりやすく解説する。

教育の歴史と思想
石村華代・軽部勝一郎 編著　A5判240頁　本体2500円

●西洋／日本の代表的な教育思想家，実践家の思想を，その時代背景（社会，教育制度の変遷）とともに紹介する。各都道府県の教員採用試験「教育史分野」で頻出する人物を網羅，採用試験対策時の参考図書としても有用。

事例で学ぶ学校の安全と事故防止
添田久美子・石井拓児 編著　B5判156頁　本体2400円

●「事故は起こるもの」と考えるべき。授業中，登下校時，部活の最中，給食で…，児童・生徒が巻き込まれる事故が起こったとき，あなたは──。学校の内外での多様な事故について，何をどのように考えるのか，防止のためのポイントは何か，指導者が配慮すべき点は何か，を具体的にわかりやすく，裁判例も用いながら解説する。学校関係者必携の一冊。

──── ミネルヴァ書房 ────

http://www.minervashobo.co.jp/